Die Wohlfühl-Kita

Blickwinkel
für pädagogische
Fachkräfte

Blickwinkel für pädagogische Fachkräfte

#Inspirationen#Atempausen#Impulse
#Perspektiven#Reflexion#Vielfalt

Die Wohlfühl-Kita

Petra Stamer-Brandt

Die Wohlfühl-Kita

Den eigenen Berufsalltag gestalten

HERDER
FREIBURG · BASEL · WIEN

MIX
Paper from responsible sources
FSC® C010798
FSC www.fsc.org

www.herder.de

Covermotiv: © lolya1988 - stock.adobe.com
Gestaltungselemente Innenteil: © lolya1988 - stock.adobe.com, © natali_art / Fotolia, ursulamea / Fotolia, © vasabii / Fotolia
Grafiken Innenteil: S. 18 ©tanialerro - stock.adobe.com, S. 40 © magicmary / Fotolia, S. 51 © parkjisun / thenounproject.com
Gesamtgestaltung und Satz: Uwe Stohrer, Freiburg

Herstellung: Graspo CZ, Zlín
Printed in the Czech Republik

ISBN 978-451-38158-4

Inhalt

Einleitung

Durchschnittlich verbringen Sie als pädagogische Fachkraft 1.390 Stunden jährlich an Ihrem Arbeitsplatz Kita, wenn Sie Vollzeit beschäftigt sind. Schon allein deswegen lohnt es sich, ihn zu einem Wohlfühl-Ort zu machen. Motivieren Sie sich selbst und begeistern Sie Ihre Kolleginnen und Kollegen für den Weg zum „great place to work" – eine Auszeichnung, die auch Ihrem Träger gefallen wird.

Im **ersten Kapitel** möchte ich Sie dazu ermutigen, Ihre Arbeitssituation so neutral wie möglich zu analysieren. Vielleicht sind Sie mit dem, was Sie sehen, einigermaßen zufrieden und haben nur kleinere Veränderungswünsche. Möglicherweise stört Sie das ein oder andere so sehr, dass Sie nicht wissen, wo Sie zuerst anfangen sollen. Keine Sorge: Arbeitsplätze lassen sich gestalten! Schaffen Sie sich gemeinsam im Team Ihre Wohlfühl-Oase, denn Sie selbst wissen am besten, was Ihnen guttut. Ihr Engagement wird gebraucht, um die Belastungsfaktoren am Arbeitsplatz aufzuspüren. Sie sind es, die Farben sprechen lassen, einen Gesundheitszirkel initiieren etc. und damit gewährleisten, dass nicht nur das Wohlbefinden der Kinder, sondern auch das Wohlergehen der Pädagoginnen und Pädagogen in den Blick genommen wird.

Im **zweiten Kapitel** bekommen Sie die Möglichkeit, sich mit Ihren Zeitfressern zu beschäftigen, die schnell die Arbeit zum Stress werden lassen. Sie erfahren, welcher Zeit-Typ Sie sind, wie Zeitdiebe Ihnen das Leben schwer machen und wie Sie ihnen zu Leibe rücken können. Weiter erhalten Sie Anregungen, die Sie darin bestärken, häufiger einmal „Nein" zu sagen, und Sie dabei unterstützen, eine gute Zeiteinteilung zu entwickeln.

Im **dritten Kapitel** geht es darum, herauszufinden, was ein gutes Arbeitsklima ausmacht und wie jeder Einzelne dazu beitragen kann. Gerade im Bereich der pädagogischen Arbeit ist es wichtig, Probleme zu erkennen und auch anzusprechen. Denn: Die Oberfläche sieht zwar manchmal glänzend aus, man geht höflich miteinander um, duzt sich und kritisiert sich nicht. Unter der Oberfläche brodelt es aber kräftig. Strategien zur Konfliktlösung und zum Krisenmanagement geben Ihnen Sicherheit und Unterstützung.
Bevor Sie sich in das Buch vertiefen, sollten Sie einmal kurz zurückschauen: Wann und bei welchen Gelegenheiten haben Sie sich am Arbeitsplatz besonders wohlgefühlt? Was und wie haben Sie selbst dazu beigetragen? Die Erinnerungen aus Ihrer Berufsbiografie geben Ihnen Kraft, sich dafür einzusetzen, diese positiven Erlebnisse wieder aufleben zu lassen.
Einfache Methoden, praktische Übungen, Reflexionsfragen und Selbstcoaching unterstützen Sie dabei, Ihren Arbeitsplatz, Ihre Zusammenarbeit im Team und Ihren Umgang mit der Zeit zu gestalten und gegebenenfalls zu verändern. Manchmal braucht es nur einen kleinen auslösenden Funken und etwas Geduld. Packen Sie es einfach an, lassen Sie sich dabei Zeit und begeben Sie sich auf die Reise zur Wohlfühl-Kita.

1. Der Arbeitsplatz als Ort zum Wohlfühlen

Sie haben einen anspruchsvollen und zeitweilig auch sehr anstrengenden Arbeitsalltag. Als pädagogische Fachkraft kümmern Sie sich viele Stunden am Tag liebevoll und engagiert um die Kinder, achten darauf, dass Sie deren Bedürfnisse, die Anforderungen Ihres Arbeitgebers und die Wünsche der Eltern unter einen Hut bringen und möglichst erfüllen.
Aber was ist mit Ihrem eigenen Wohlbefinden? Sind Sie entspannt und zufrieden an Ihrem Arbeitsplatz? Können Sie sich später zuhause mit allen Sinnen auf Ihre Freizeitbedürfnisse, auf Entspannung und Ihre Familie konzentrieren?
Keine Frage: Wenn es gut läuft, bringt die Arbeit in einer Kindertageseinrichtung viel Befriedigung. Weil Sie vorwiegend mit jungen und offenen Menschen arbeiten, Ihr Aufgabenbereich sehr abwechslungsreich ist, Ihnen viel Freiraum bietet, weil Sie kreativ arbeiten können … Aber so reibungslos ist es beileibe nicht immer. Das Motto für Ihr Projekt auf dem Weg zur Wohlfühl-Kita sollte deswegen lauten: Handeln statt hadern!

1.1 Typischen Belastungsfaktoren begegnen

Bitte überlegen Sie:

- Gibt es Belastungen an Ihrem Arbeitsplatz, die Sie als kitatypisch empfinden? Wenn ja, um welche handelt es sich?
- Wie stark leiden Sie darunter?
- Geht es Ihren Kolleginnen und Kollegen ähnlich?
- Haben Sie bzw. Ihr Team schon einmal versucht, etwas dagegen zu unternehmen?
- Haben Ihre Bemühungen geklappt?

Im Folgenden werden Sie erfahren, dass es für viele Belastungssituationen am Arbeitsplatz Abhilfe gibt. Das beginnt mit der Umgestaltung des Arbeitsplatzes, wofür es auch diverse rechtliche Grundlagen gibt, bis hin zur Verbesserung des Teamklimas.

Lärmpegel

Geahnt und gespürt haben Sie es wohl längst, dass „Kinderlärm" so viel Dezibel wie ein laufender Rasenmäher hat. In der STEGE-Studie (2013) untersuchen Susanne Viernickel, Anja Voss und Elvira Mauz den Arbeitsplatz Kita sowie die Gesundheit der Fachkräfte unter Berücksichtigung der Veränderungen der letzten Jahre. Lärm mit Spitzenwerten bis zu 85 Dezibel wurde hier von 84 Prozent der pädagogischen Fachkräfte als besonders belastend angegeben.

Der Lärm schränkt die Leistungs- und Konzentrationsfähigkeit erheblich ein. Das kann zu Gehörschäden, Bluthochdruck und Kopfschmerzen führen. Eine durch Lärm belastete Umgebung beeinträchtigt auch das Sprachverständnis und die Sprachentwicklung der Kinder. Grund genug, sich im Team darüber zu verständigen, welche Methoden und Maßnahmen greifen können, um den Lärmpegel zu verringern.

Grundsätzlich können Sie den Lärmpegel reduzieren durch:
- bautechnische Maßnahmen,
- organisatorische Maßnahmen sowie
- pädagogische Maßnahmen.

Das Arbeitsschutzgesetz (ArbSchG) sowie die Lärm- und Vibrations-Arbeitsschutzverordnung (LärmVibrationsArbSchV) schreiben geeignete Maßnahmenhierarchien vor, die bei allen Arbeitsschutzmaßnahmen anzuwenden sind: lärmdämmende Innen- und Außenwände, lärmdämmender Bodenbelag etc.
Durch eine angepasste Arbeitsorganisation kann störender Lärm in Kindertageseinrichtungen deutlich reduziert werden. Flure können besser genutzt, Stoßzeiten anders organisiert sowie aktive und passive Phasen besser verknüpft oder entzerrt werden.
Auch ein durchdachtes pädagogisches Konzept und ein kooperativ handelndes Team können viel dazu beitragen, den Lärmpegel im Kita-Alltag zu verringern: Regelungen für Ruhezonen und -zeiten, ausreichendes Angebot an Bewegungszeiten und -räumen, Kommunikationsregeln, Sensibilisierung für Lautstärke durch kleine Projekte zum Umgang mit Lärm und anderen Belastungen.

Ergänzen Sie im Team die folgende Tabelle:

Ursachen für belastenden Lärm	**Maßnahmen zur Lärmreduzierung**	**Teamaufgaben**
Viele Kinder in einem vollgestellten Raum	• Mehr draußen spielen • Entrümpeln	• Mehr Projektarbeit • Offene Funktionsräume
Schlecht gedämmte Räume	Dämmung der Außen- und Innenwände	• Plan gegen Lärm entwickeln • IFA-Report 4/17 zur „MusterKita“ lesen (www.publikationen.dguv/pdf/10002/report0417.pdf)
Lärm durch das Schrammen der Holzstuhlbeine	Filzgleiter anbringen	
Einzelne lärmende Kinder	Kinder für das Thema Lärm sensibilisieren	Ein pädagogisches Antilärmkonzept entwickeln

Zur Sensibilisierung der Kinder für das Thema Lärm eignen sich unter anderem folgende Aktivitäten:

- Sprach- und Flüsterspiele
- Projekt „Tag des Lärms“
- Ausreichend Bewegung im Wechsel mit ruhigen Spielangeboten

Wie können Sie die Kinder darüber hinaus auf das Thema Lärm aufmerksam machen? Hier ist Platz für Ihre weiteren Ideen:

Rückenbelastungen

60 Prozent aller Erzieherinnen und Erzieher in Kitas berichten von Rückenschmerzen. Als pädagogische Fachkraft bewegen Sie sich zwar viel, nehmen dabei aber häufig eine einseitig belastende und ungünstige Haltung ein. Das Sitzen auf zu niedrigen Stühlen an Kindertischen stellt eine wesentliche Belastung für die Wirbelsäule dar. Eine stark nach vorne gebeugte Haltung und eine zusätzliche Verdrehung im Oberkörper, da die Beine nicht unter den Tisch passen, sind die Folge. Aber auch das Heben und Tragen von Kindern belastet die Wirbelsäule. Damit sind nicht einzelne Situationen wie das Hochheben oder Wickeln eines Kindes in stark nach vorne gebeugter Haltung gemeint. Die Summe von vielen rückenbelastenden Situationen verteilt über den Tag kann jedoch zu Beschwerden führen. In jungen Jahren mag man noch nicht daran denken, aber mit zunehmenden Berufsjahren können erhebliche Probleme entstehen (vgl. Viernickel, Voss & Mauz 2013).

Belastungen	**Individuelle Voraussetzungen, Ressourcen**	**Beanspruchung**
Gesamtheit aller erfassbaren Einflüsse, die von außen auf den Menschen zukommen und (psychisch) auf ihn einwirken • Arbeitsinhalt, Arbeitsaufgabe • Arbeitsumgebung • Arbeitsorganisation • Soziale Beziehungen	Kenntnisse, Erfahrungen, Selbstwirksamkeit, gesundheitlicher Allgemeinzustand etc.	Unmittelbare Auswirkung der (psychischen) Belastung in Abhängigkeit von den individuellen Voraussetzungen bzw. Ressourcen

Quelle: www.hag-gesundheit.de/uploads/docs/1725.pdf

Hier einige Vorschläge, wie Sie Ihrem Rücken etwas Gutes tun können (vgl. Sächsische Landesvereinigung für Gesundheitsförderung e.V. 2013):

Rückenschonendes Wickeln

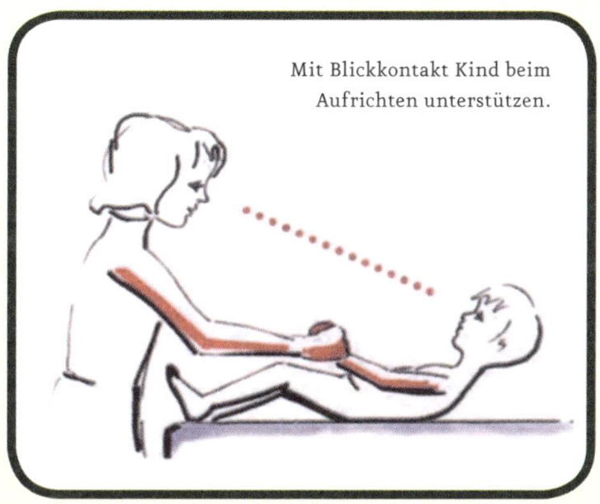

Dehnübungen zur Rückenentlastung

Wade

Ferse nach unten, Schrittstellung, Fußstellung gerade nach vorn. **Hüfte nach vorn schieben und halten.** Seitenwechsel.

Kniestrecker

Beine parallel, Hand am Oberschenkel, gestrecktes Bein locker. **Unterschenkel zum Gesäß ziehen und halten.** Seitenwechsel.

Hüftbeuger

Übungsbein auf Hocker o.ä. hoch legen, Hüfte gerade nach vorn. **Becken nach vorn schieben, Gewicht nach vorn-unten.** Seitenwechsel.

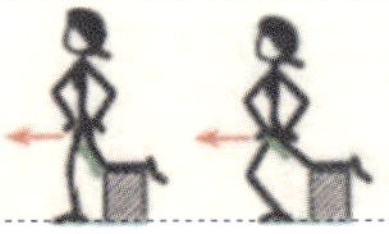

Innerer Oberschenkel

Leichte Grätsche, mit geradem Rücken etwas in die Knie gehen. **Gewicht auf eine Seite verlagern und halten.** Seitenwechsel.

Hüftdreher

Gerader Rücken, Bein auf Knie legen, Kopf hoch, Brust raus. **Langsam, wie zum Hinsetzen, in die Hocke gehen.** Seitenwechsel.

Körperrückseite

Arme lang strecken und ablegen, Brust nach vorn raus. **Rücken und Gesäß nach hinten ziehen.**

Seitlicher Rumpf

Stand gerade, ohne zu verdrehen ein Bein vor das Andere stellen. **Arm über den Kopf Richtung Standbein ziehen. Rumpf zur Standbeinseite neigen.** Seitenwechsel.

Unterer Rücken „Fröschlein“

Hocken, Gesäß nach unten, Knie auseinander, Fersen auf den Boden. **Oberarme drücken von innen gegen das Schienbein, ziehen damit den Oberkörper vor.**

Hintere Schulter

Schultern entspannen, rechte Hand locker auf linke Schulter, Arm am Körper. **Linke Hand schiebt rechten Ellbogen zur linken Schulter hoch.** Seitenwechsel.

Vordere Schulter

Lockerer Stand, Arme auf dem Rücken. **Rechte Hand fasst linken Unterarm und zieht nach rechts.** Seitenwechsel.

Schulter/Nacken

Lockerer Stand, gerader Rücken. **Kopf nach links neigen, rechte Schulter nach unten schieben. Erst Schulter, danach Kopf lockern.** Seitenwechsel.

Lassen Sie sich fachlich beraten, wie Sie Ihre Rückengesundheit im Arbeitsalltag unterstützen können. Darauf haben Sie einen Anspruch, und die Krankenkassen sowie Gesundheitsämter haben ein Interesse daran, dass Sie fit bleiben. Qualifizierte Beratung finden Sie unter: www.kindergaerten-in-aktion.de/gesundheit-fuer-paedagogische-fachkraefte/gesundheitsschutz/rueckengesundheit/rueckengesundheit.

Psychische Belastungen

Nicht jede Anspannung im beruflichen Alltag führt zu Stress oder gar zu einer psychischen Belastungsstörung. Genauer hinschauen sollten Sie dann, wenn Sie spüren, dass Sie bestimmte Situationen oder Aufgaben meiden, mehr Fehler als sonst machen und unter einer Daueranspannung leiden. Nun sind aber nicht alle Menschen gleich, und so wird auch Belastung unterschiedlich empfunden. Deswegen ist es wichtig, dass Sie herausfinden, welche Belastungen sich für Sie ganz persönlich an Ihrem Arbeitsplatz ergeben. Das können Sie mithilfe einer einfachen Übung herausfinden:

Die Regenschirmanalyse

Nehmen Sie sich Zeit für die folgenden Überlegungen:

- Die Regentropfen symbolisieren Ihre Belastungen. Notieren Sie Beispiele dafür neben den Tropfen.
- Unter dem Schirm halten Sie die Aspekte Ihres beruflichen Tuns fest, die Sie unbedingt bewahren möchten.
- Betrachten Sie jetzt genau, was Sie bewahren möchten und was Sie belastet. Entscheiden Sie, wo Sie Veränderungsbedarf haben.
- Im nächsten Schritt denken Sie sich für jede gewünschte Veränderung drei Lösungsvorschläge aus. Dabei ist es gut, einmal die „Schere im Kopf" zu vergessen und auch originelle Lösungsschritte zuzulassen.
- Zum Schluss wählen Sie aus, welchen Lösungsschritt Sie sofort in Angriff nehmen wollen und welche der notierten Ideen sich dafür anbieten.

Im Arbeitsleben gibt es immer wieder Aspekte, die die psychische Gesundheit belasten können. Hier ist es gut zu wissen, welche Ressourcen den Belastungen präventiv entgegengesetzt werden können:

Belastungen	Ressourcen
Zu hohe Anforderungen, die nicht den Kompetenzen und der Ausbildung entsprechen	Hoher Gestaltungs- und Handlungsspielraum Fähigkeitsgerechte Arbeitsteilung im Team
Belastete Beziehungen (Leitung – pädagogische Fachkraft, pädagogische Fachkraft – Eltern etc.)	Teilnahme an Supervision und Coaching
Emotionale Stressoren (Erwartungsdruck der Eltern, Mobbing, wenig Zeit für Beziehungsarbeit)	Supervision, kollegiales Coaching
Hohe Fluktuation	Gute Arbeitsatmosphäre
Potenziale werden nicht genutzt	Potenziale aufdecken und nutzen, hoher Grad an Eigenständigkeit
Kein Wir-Gefühl im Team Rivalitäten im Team	Soziale Beziehungen stärken Regelmäßige Teamsitzungen
Wenig Mitbestimmungsmöglichkeiten	Möglichkeiten der Partizipation fördern bei Dienstplangestaltung, Vertretungsregelung etc.
Mangelnde Wertschätzung	Teamklima durch wertschätzende Haltung verbessern
Aggressive und verhaltensauffällige Kinder	Supervision, Video-Monitoring
Schwere „Päckchen" mit sich herumtragen	Beratung annehmen, Entspannungsübungen, realistische Ziele setzen

Bitte überlegen Sie:

- Wie sieht es in Ihrer Kita in punkto Belastungen aus?
- Welche Ressourcen stehen Ihnen bereits zur Verfügung?
- Welche Punkte aus der vorhergehenden Tabelle könnten Sie als Ergänzung in die nächste Teamsitzung einbringen?
- Welche weiteren Vorschläge zur Entlastung/Veränderung fallen Ihnen ein?

Zehn Schritte für Ihre psychische Gesundheit

Quelle: Gesundheitsdirektion Gesundheitsamt des Kantons Zug

Ihre psychische Gesundheit stabilisieren Sie auch, wenn Sie

- Ihre Talente, Potenziale, Kompetenzen und Fähigkeiten entdecken und nutzen, statt sie zu ignorieren oder gar zu verstecken;
- Hilfen annehmen, das verschafft ein gutes Gefühl und stärkt die Zusammengehörigkeit;
- im Gespräch mit Eltern, Kindern, Kollegen etc. bleiben; dazu gehört auch, sich mitzuteilen, statt den Ärger herunterzuschlucken;
- Ihre individuelle Leistungskurve beachten;
- sich zusammen mit den anderen Teammitgliedern aktiv beteiligen, Bündnisse bilden, einen Gesundheitszirkel gründen;
- Pausen einhalten und sie auch genießen (einen Spaziergang machen, sich zurückziehen);
- bewusst kurze Pausen einlegen, die nicht zum Kopieren oder Problemewälzen genutzt werden;
- sich selbst loben;
- Konflikte nicht unter den Tisch kehren;
- Lösungen suchen, statt Schuldige ausfindig zu machen;
- wissen, wo Sie sich Hilfe holen und auch annehmen können;
- „Rettungsanker" kennen und nutzen;
- sich selbst so annehmen, wie Sie sind, über Fehler lachen können und sich über Gelungenes freuen.

Einen Gesundheitszirkel gründen

Jede pädagogische Fachkraft setzt sich engagiert für die Gesundheitsförderung der von ihr betreuten Kinder ein. Aber wer kümmert sich um die Gesundheit der Pädagoginnen und Pädagogen? Momentan gibt es nur die eine Antwort: Machen Sie sich selbst schlau über Maßnahmen des Gesundheitsschutzes und Ihre gesetzlich verankerten Rechte. Das gelingt am besten durch die Zusammenarbeit im Team und regelmäßige Treffen in Form eines Gesundheitszirkels.

Gesundheitszirkel gelten als Instrument der betrieblichen Gesundheitsförderung und des Gesundheitsmanagements – mit dem Ziel, „gesundes" Arbeiten in der Kita zu ermöglichen. Sie verstehen sich als Problemlösegruppe, die das Erfahrungswissen des Teams und aller an der Kita-Arbeit Beteiligten nutzt, um gesundheitliche Belastungen wahrzunehmen, Maßnahmen für einen kontinuierlichen Verbesserungsprozess anzuschieben und Belastungen zu reduzieren.

Ziele der Arbeit von Gesundheitszirkeln

- Gesundheitsfördernde Verhältnisse schaffen
- Das Ernährungs- und Bewegungsverhalten nachhaltig verbessern
- Gesunde Arbeitsbedingungen schaffen
- Gesundheitsförderndes Wissen anbieten und in das Kita-Konzept integrieren
- Bewegte Pausen einführen
- …

Die folgende Grafik zeigt, wie ein Gesundheitszirkel arbeitet:

Quelle: www.gesunde-kita.net/Gesundheitszirkel.436.0.html

In der Kita Zum Gutshof ist der Krankenstand ungewöhnlich hoch, wodurch das Team stark belastet wird. Das wiederum führt zu Unzufriedenheit und noch mehr Ausfällen. Die Erzieherin, Frau S., bringt das Thema in die nächste Teamsitzung ein. Dort werden die Gründe für den hohen Krankenstand erörtert: hohe Lärmbelastung, kaum Möglichkeiten zur Partizipation der pädagogischen Fachkräfte bei der Planung ihrer Arbeit, fehlende Ruhezonen.
Die Mitarbeiterinnen und Mitarbeiter erhalten nun Gelegenheit, über Veränderungsmöglichkeiten nachzudenken und für die nächste Sitzung Ziele zu formulieren. Dazu gründen sie einen Gesundheitszirkel, der sich detailliert mit der Lösung des Problems befassen wird.
Folgende Ziele werden in der nächsten Sitzung formuliert: mehr Bewegungsmöglichkeiten im Freien anbieten, Lärmschutzmaßnahmen ergreifen, Ruhezonen einrichten, Beteiligung an allen Planungen, die die Mitarbeiterinnen und Mitarbeiter sowie die Kinder betreffen.
Die Gesundheitszirkel-Gruppe beschäftigt sich nun mit Möglichkeiten der Umsetzung. Sie erkundigt sich nach den rechtlichen Grundlagen, schreibt Anträge an den Träger, entwickelt konkrete Umsetzungspläne und verteilt dann Aufgaben. So wird geklärt, wer mit dem Träger verhandelt, wer mit den Kindern das Projekt „Was macht der Lärm mit uns“ vorbereitet und wer eine Skizze für den neuen Ruheraum anfertigt etc.
Als nächstes wird formuliert, welche Auswirkungen es hat, wenn das Ziel erreicht wird (bitte ganz konkret formulieren):

- Pädagogische Fachkräfte und Kinder fühlen sich deutlich weniger durch Lärm belästigt, der Lärm konnte stark (noch besser: um ... Dezibel) reduziert werden.
- Wer sich durch Lärm gestört fühlt, kann eine Glocke benutzen, um darauf aufmerksam zu machen. Das Glockenzeichen bedeutet für alle: Bitte leise sein!
- Es gibt einen Ruheraum für die Erzieherinnen und Erzieher.
- Wände sind gedämmt.

1.2 Den Arbeitsplatz bewusst gestalten

Am besten machen Sie einmal im Team eine Begehung Ihrer Kita und versuchen dabei bewusst wahrzunehmen, was Ihnen gut gefällt und was weniger gut oder sogar störend ist. Vielleicht wird Ihnen bei dieser Analyse auch deutlich, wie wichtig die äußere Gestaltung des Arbeitsplatzes ist, wie äußere Gestaltung und inhaltliche Planung sowie Stressanfälligkeit in Beziehung zueinander stehen.

Von Ballast befreien – Entrümpeln

Rudolf Seitz, Kunstpädagoge und Leiter des Instituts für Kreativität und Pädagogik, hat einmal gesagt: „Es gibt Räume, die grenzen an Körperverletzung. Man fühlt sich unwohl, meidet sie. Sie tun einem weh. Man weiß nicht warum. – Wir sollten mehr darüber nachdenken“ (1998, S. 83). Ihren Arbeitsplatz können Sie in aller Regel nicht architektonisch verändern, aber Sie können ihn so gestalten, dass Sie sich darin wohlfühlen.

Beginnen Sie mit dem Entrümpeln. Brauchen Sie tatsächlich noch die 150 Toilettenpapierrollen, die Sie zum Basteln aufbewahrt haben, die vielen Stoff- und Wollreste? Macht es nicht viel mehr Spaß, mit Kindern und Eltern die Dinge dann, wenn sie gebraucht werden, und nur in der Anzahl wie benötigt zu organisieren? In vielen Einrichtungen wird Material gehamstert, mit dem noch mehrere Kindergenerationen versorgt werden könnten. Das schränkt sowohl die Fantasie als auch die Bewegungsfreiheit ein.

Entsorgen Sie mutig alle Dinge, die ein Jahr lang nicht benutzt worden sind. Vielleicht haben sich auch Sachen angesammelt, die Sie heute gar nicht mehr verwenden möchten. Dazu können zum Beispiel veraltete Dekorationen, Spielzeug, das repariert werden sollte, aber nie wurde, oder längst überholte Informationsmaterialien gehören. Gemeinsam mit den Kindern können Sie aus einer Entrümpelungsaktion auch noch einen weiteren Nutzen ziehen, indem Sie einen Flohmarkt veranstalten.

Diskutieren Sie das Thema „Sammeln/Ansammeln“ im Team und besprechen Sie dabei, was Entrümpeln/Loslassen für jeden Beteiligten bedeutet.

Den Arbeitsplatz dekorieren

Lieben Sie schöne Dekorationen? Haben Sie beim Dekorieren auch schon einmal darüber nachgedacht, für wen Sie in der Kita die Räume gestalten? Sollen die Eltern und Besucher sehen, wie kreativ mit den Kindern gearbeitet wird? Oder wollen Sie eine Wohlfühlatmosphäre für alle schaffen? Das gelingt Ihnen bestimmt nicht, wenn Sie nicht aus dem Fenster schauen können, weil die Scheiben dicht bemalt sind, oder Erwachsene sich ständig bücken müssen, damit sie nicht gegen das Mobile stoßen, das von der Decke hängt.

Grundsätzlich gilt: „In einem hektischen, überfüllten Zimmer ist es schwer, ruhig zu sein und zu bleiben. Das Durcheinander überträgt sich (...). Ein Raum, in dem viele Menschen vielerlei Dinge tun, muss strukturiert, geordnet sein. Es braucht Zonen, die ruhig sind“ (Seitz 1998, S. 87). Hier einige Ideen: Stoffbahnen können eine besondere Atmosphäre schaffen. Einfarbige Stoffe vermitteln ein Gefühl von Wärme, des Geborgenseins und wirken schalldämmend. Sie können als Raumteiler Spielbereiche voneinander abgrenzen. Auch kleine Lichtquellen im Raum wirken beruhigend. Am wichtigsten ist jedoch, dass die Räume nicht überladen sind. Gerade in Kitas, wo sich viele Menschen aufhalten, ist häufig ein bunter Möbelpark zu finden, Unmengen an Spielzeug, Bastelmaterial ... Jedes einzelne Teil hat sicher seine Bedeutung, aber in der Fülle können die Dinge gar nicht wahrgenommen werden, weil eigentlich jedes Teil einen eigenen „Raum“ bräuchte, um wirken und atmen zu können. Das gilt für die Räume, in denen die Kinder sich aufhalten, ebenso wie für Pausenräume der Erziehungskräfte.

Der Ruhe- oder Pausenraum für die pädagogischen Fachkräfte

Der Pausen- oder Ruheraum sollte den pädagogischen Fachkräften die Möglichkeit bieten, ihre Pause ungestört und in einer gesundheitsförderlichen Umgebung zu genießen. Hierzu braucht es nicht nur eine ansprechende Gestaltung, sondern auch eine angemessene Ausstattung in Bezug auf:

- Temperatur/Lüftung
- Beleuchtung
- Größe und Akustik
- Mobiliar

Sie sollten den Einfluss des Lichtes auf Ihr Wohlbefinden nicht unterschätzen. Die richtige Beleuchtung trägt wesentlich zu einer wohligen Atmosphäre bei. Am besten wählen Sie Leuchtmittel, die mobil sind und sich dimmen lassen. Auch Pflanzen haben eine große Wirkung. Sie sorgen für Farbe, ein angenehmes Raumklima und reinigen die Luft.

Im Ruheraum sollten keine Fachbücher stehen, die Sie davon abhalten, zur Ruhe zu kommen. Auch PC und Drucker gehören nicht hierher. Eine Liege, Kissen, Decken, vielleicht auch eine Musikanlage unterstützen dagegen die Entspannung.

Suchen Sie gemeinsam im Team ein Wandgemälde aus, das die Augen zum Verweilen einlädt und Ihre Gedanken zur Ruhe kommen lässt. Vermeiden Sie alles, was Sie an- oder gar aufregen könnte.

Planspiel Ruheraumgestaltung

Leihen Sie sich die Puppenstube der Kinder und richten Sie dort gemeinsam im Team einen Ruheraum ein. Achten Sie auch auf Details wie Tapetenfarben, Decken- und Kissenmuster, Fußbodenbelag, Vorhangstoffe etc. Testen Sie Entspannungs- und Meditationsmusik.

Der Kunstpädagoge Rudolf Seitz war von den japanischen Teeräumen fasziniert. „Ein Teeraum ist 'Wohnsitz der Einbildungskraft‘ (Kakuzo Okakura), er lässt vieles offen, um der Vorstellungskraft die Vollendung zu überlassen. Er ist auch ein 'Wohnsitz der Leere‘, die ihn zu einem 'Zufluchtsort vor den Ärgernissen der Welt‘ macht“ (1998, S. 88). Seitz zeichnet mit diesen Worten ein schönes Bild, das Ihnen helfen kann, Ihren Ruheraum entsprechend zu gestalten.

Die Kraft der Farben nutzen

Farben gehören zu unserem Leben und beeinflussen unser Leben. Wir haben Lieblingsfarben und Farben, die wir ablehnen. Farben können im ganzheitlichen Sinn helfen, eine Harmonie zwischen Körper, Seele und Geist zu finden. Farben werden auch heilende Kräfte nachgesagt, sie haben Einfluss auf unser Wohlbefinden und wirken sogar auf unser Essverhalten.

Farben können:

- anregen
- aufregen
- aggressiv machen
- beruhigen
- gute Laune verbreiten
- beeinflussen
- Energie senden
- Gefühle freisetzen
- …

Meine Lieblingsfarbe
Nehmen Sie ein Blatt Papier und schreiben Sie auf, welches Ihre Lieblingsfarbe ist. Sie können auch Mischfarben wählen. Nun versuchen Sie, diese Farbe möglichst genau zu beschreiben. Dabei können Sie ihren Gefühlen und Assoziationen freien Lauf lassen. Verwenden Sie dabei gerne Erfahrungen, Bilder und Symbole.
Nach etwa 15 bis 20 Minuten schauen Sie sich Ihre Farbbeschreibung an und versuchen zu erkennen, welche Wünsche, Sehnsüchte, Bedürfnisse sich aus Ihrem Text herauslesen lassen.
Achten Sie in Zukunft bewusst darauf, was Sie in den Räumen von Freunden und Bekannten empfinden. Wie fühlen Sie sich in einer vorwiegend weiß gehaltenen Wohnung? Welche Wirkung hat ein sehr bunt gestaltetes Zimmer auf Sie?

Die Wirkung der Farben – Beispiele
In der Farbtherapie wird **Rot** benutzt, um den Stoffwechsel anzuregen und gestaute Energien wieder zum Fließen zu bringen. **Rot** aktiviert und wärmt, regt den Kreislauf an. Wenn Sie selbst leicht erregbar sind und mit leicht erregbaren Kindern arbeiten, sollten Sie **Rot** nur in Maßen bei der Raumgestaltung verwenden.

Gelb ist anregend, heiter und wird daher häufig mit Licht und Helligkeit assoziiert. Psychologen schreiben der Farbe eine belebende Wirkung zu, die die Konzentration fördern, Klarheit bringen und den zwischenmenschlichen Austausch anregen soll.

Grün ist die Grundfarbe der Natur; sie steht für Natürlichkeit, Wachstum und Sicherheit. Auf die Psyche wirkt die Farbe beruhigend, ausgleichend, und man sagt ihr nach, dass sie Körper und Geist in Einklang bringt. Die stresshemmende Wirkung können Sie auch beim Spaziergang im Freien erleben.

Die Farbe **Blau** steht für Vertrauen, Kompetenz und Beständigkeit. Blau wirkt auch raumschaffend und ausweitend. Deswegen wird die Farbe gerne für kleinere Räume genutzt, die dadurch größer wirken sollen. Als Wandfarbe eignet sich **Blau** für Büro-, Arbeits- und Hausaufgabenräume sowie Krankenstationen (Arztzimmer).

Weiß ist in unserem Kulturkreis das Sinnbild für Frieden, Reinheit und Unschuld Weiß wirkt leicht und heiter. (Zu viel) Weiß kann aber auch unnahbar wirken und kühle Reserviertheit ausstrahlen.

„**Orange** ist die Farbe der untergehenden Sonne. (...) Sie ist die Symbolfarbe für Optimismus, Lebensfreude, Inspiration, Kreativität und Kommunikation. Sie signalisiert Aufgeschlossenheit, Kontaktfreude und Jugendlichkeit, Gesundheit und Selbstvertrauen. Zudem wirkt **Orange** appetitanregend" (www.bawsax.de/pdf_dokumente/Farbtherapie.pdf).

Nach diesem kurzen Ausflug in die Farbenlehre sind unter anderem folgende Gestaltungsideen für den Arbeitsplatz Kita denkbar:

- **Orange**farbene Stühle im Pausenraum oder eine **Orange**farbene Wand in der Teeküche fördern den Gemeinschaftssinn und wirken sich positiv auf die Energie aus.
- Die anderen Räume könnten in einem mittleren **Grün**ton, der (nerven-) beruhigend, regenerierend, entspannend und ausgleichend wirkt, gehalten werden. **Grün** unterstützt die seelische Ausgewogenheit und gibt Kraft.
- Viele GRÜNe Pflanzen in den Räumen senken die Reizbarkeit.
- Das Elternsprechzimmer könnte auch eine **Grün**e Wand oder **Grün**e Stühle vertragen.
- **Blau**töne eignen sich für kleinere Räume oder für den Deckenanstrich. Das Büro und das Elternsprechzimmer könnten in dieser Farbe gehalten sein (vgl. www.farbenundleben.de/kleidung/aussage.htm).

Auch der Anthropologe und Philosoph Rudolf Steiner erkannte die Wirkung der Farben und nutzte sein Wissen, um Kindern das Lernen zu erleichtern. Die Waldorfeinrichtungen sind deswegen pastellfarben gestrichen, die Klassenräume, Gebäude, Flure und Häuser in besonderen Farben, die die jeweiligen Seelen- und Geistesstimmungen der Schüler in einem bestimmten Alter und die Unterrichtsfächer unterstreichen sollen.
Ein Blick auf die Wirkung der Farben kann erhellend sein und Sie beim zweckmäßigen und kreativen Einsatz unterstützen. Doch bietet die Farbenlehre nur einen Orientierungsrahmen, da Menschen auch hier unterschiedlich empfinden. Sie müssen also Ihren eigenen Farbenweg finden.

Dabei können Ihnen die folgenden Hinweise und Übungen helfen:

- Experimentieren Sie mit verschiedenfarbigen Tüchern im Raum. Zusammen mit den Kindern und im Team können Sie herausfinden, wie welche Farben wirken.
- „Wenn Sie alleine sind, stellen Sie eine Personenwaage auf einen Tisch, kleiden sich in einer bestimmte Farbe, betrachten eine bestimmte Farbe oder stellen sie sich vor Ihrem inneren Auge vor. Drücken Sie jetzt, während Sie stehen, mit einer Hand auf die Waage und beobachten Sie, welches Gewicht Sie erreichen. Lehnen Sie sich aber nicht mit Ihrem ganzen Körpergewicht auf die Waage sondern drücken Sie nur mit Ihrem Arm. Dann führen Sie den gleichen Vorgang mit einer anderen Farbe durch. Die Farbe, unter deren Einfluss Sie am stärksten sind, also das höchste Gewicht 'drücken' können, wird Sie auch in Ihrer Arbeit an sich selbst am deutlichsten stärken“ (Vollmar 1992, S. 46). Der Muskeltest stammt aus der Kinesiologie. Betrachten Sie diese Übung als Experiment.
- Auch die Beschäftigung mit Redewendungen, Redensarten, Wortsymbolik und Farbsymbolen kann Ihnen helfen, eine geeignete Farbwahl zu treffen:

Schreiben Sie neben die geflügelten Worte in der linken Spalte Ihre Assoziationen dazu:

Redewendungen	**Assoziationen**
• Weiße Tauben	
• Gelb vor Neid	
• Rot wie eine Tomate	
• Ich sehe Rot	
• Grünes Licht geben	
• Dasselbe in grün	
• Schwarz wie die Nacht	
• Ins Schwarze treffen	
• Schwarzes Schaf	
• Graue Maus	
• Der graue Alltag	
• Blau wie eine Haubitze	
• Etwas durch eine rosa-rote Brille sehen	
• Blau machen	

Sicher können Sie die Liste noch weiter ergänzen:

Redewendungen	**Assoziationen**
•	
•	
•	
•	
•	

Laden Sie die Kinder zu einem Fest der Farben ein. Diskutieren Sie in der Kinderkonferenz, welche Farbe im Mittelpunkt stehen soll: Hat sich die Mehrheit zum Beispiel für Grün entschieden, dann kommen alle Festteilnehmer auch in grüner Kleidung, es gibt nur grüne Dekorationen, Essen in grüner Farbe, Lieder, in denen Grün eine Rolle spielt etc. Anschließend bietet sich ein Gespräch über (weitere) Farben an.

1.3 Durch Selbstcoaching stärken

Wer etwas verändern möchte, muss selbstbewusst, stark und mutig sein. Das ist wichtig, um Vorgesetzten sowie Kolleginnen und Kollegen gegenüber nicht nur Veränderungswünsche äußern zu können, sondern das Vorhaben auch auf den Weg zu bringen. Dazu benötigen Sie in der Regel Verbündete, und auch die gewinnen Sie am besten, wenn Sie in der Lage sind, Ihre Wünsche selbstbewusst zu äußern und überzeugend aufzutreten.
In einem Coaching stellt ein Experte von außen Ihnen Fragen, die dabei helfen, die eigenen Ressourcen zu erkennen und zu nutzen. Beim Selbstcoaching stellen Sie sich diese Fragen – wie der Name schon sagt – selbst.

Das Selbstcoaching wird also von Ihrem eigenen inneren, achtsamen Coach begleitet. Grundlegende Ziele des Selbstcoaching sind:

- Aktive Selbstentwicklung
- Effektive Selbststeuerung (während beim Selbstmanagement eher das genaue Planen und Kontrollieren im Vordergrund steht)
- Distanz zu bestimmten Situationen gewinnen und sich selbst gezielt in Richtung Erfolg – im Sinne von Zielerreichung – steuern
- Angemessene Entscheidungen treffen
- Veränderungsvorhaben umsetzen

Die drei wichtigsten Fragen beim Selbstcoaching lauten hier:

- Was ist mir an meinem Arbeitsplatz wichtig?
- Wie möchte ich meinen beruflichen Alltag gestalten, damit ich mich wohlfühlen kann?
- Wie kann ich das realisieren?

Selbstcoaching geht von der Annahme aus, dass jeder Mensch die Lösung seiner Probleme in sich trägt. Das werden Sie in aller Regel bestätigen können, denn auch Sie haben sicherlich schon einige Herausforderungen in Ihrem Leben erfolgreich gemeistert. Und Sie können auch davon ausgehen, dass Sie selbst, wenn Sie nicht gerade in der „Grübelfalle“ stecken, erkennen können, wann ein Anliegen eigenständig zu bewältigen ist und wann Sie Unterstützung brauchen.
Übrigens: Perfektionismus ist keine Stärke! Wenn Sie es schaffen, auf diesen Anspruch zu verzichten, sparen Sie nicht nur Zeit, sondern auch Energie. Verlieren Sie sich nicht in Kleinigkeiten.

Folgende weitere Fragen eignen sich für das Selbstcoaching

- Wo liegt das Problem genau?
- Welche Beispiele gibt es dafür?
- Was spricht dafür, so weiterzumachen wie bisher?
- Was spricht dagegen?
- Was wünsche ich mir, was ist mein Ziel?
- Was kann ich dazu beitragen, dieses Ziel zu erreichen?
- Welche Stolpersteine liegen auf dem Weg?
- Was könnte mich ausbremsen?
- Wen kann ich als Unterstützer gewinnen?
- Woran kann ich erkennen, dass ich mein Ziel erreicht habe?

Im Folgenden werden einige Methoden des Selbstcoachings vorgestellt:

Das Selbstgespräch

Wenn wir Selbstgespräche führen, hört unser Gehirn nicht nur ganz genau hin, es speichert auch Informationen, die uns später nützlich sein können. Ein Selbstgespräch ist so etwas wie ein mentales Googeln.

Beispiel 1: Sie gehen alleine im Wald spazieren. Dabei sprechen Sie laut vor sich hin. Sie sagen alles, was Sie gerade bewegt, schimpfen, lästern, drücken Freude aus. Keine Sorge, das ist normal. Laut einer US-Studie führen 96 Prozent aller Menschen hin und wieder Selbstgespräche. Das hilft, seine Gedanken zu entwirren und Entscheidungen zu treffen.

Beispiel 2: Sie haben sich einen Schrittzähler gekauft, den Sie zum Funktionieren bringen wollen. Schrittweise lesen Sie die Gebrauchsanweisung durch und fangen dann an, sich selbst laut zu erzählen, was zu machen ist: Jetzt muss ich erst das Mittelteil aufladen, aber ich probiere schon mal, wie die drei Teile zusammengesteckt werden …

Verbal umgesetztes Denken ist weitaus hilfreicher als stummes Denken. Während des Sprechens spüren Sie häufig gleich, wo ein Stolperstein liegt. Im Dialog mit sich selbst können Sie Ihr Gedankenchaos beruhigen und die Gedanken sortieren. Beim Hören der eigenen Worte spüren Sie auch deutlich die begleitenden körperlichen Reaktionen.

Mit etwas Übung in Sachen Selbstgespräch können Sie „Daten sichern", die bei Bedarf abrufbar sind.

Begleiten Sie Ihren Weg zur Arbeit mit einem Selbstgespräch:

- Ich nehme heute das Fahrrad, weil das Wetter so schön ist und ich unterwegs über das Elterngespräch, das mir bevorsteht, nachdenken kann.

- Ich wähle die Strecke ....
- Ich betrete die Kita und ....
- Meine Laune ....

Das tragende Netz

Zeichnen Sie ein Netzwerk auf (Mindmap), in dem alle Personen aus Ihrem beruflichen Umfeld vorkommen. Kennzeichnen Sie nun zum einen die Personen, die für Sie bedeutend im Sinne von unterstützend sind, und zum anderen diejenigen, die eher hemmend auf Sie wirken. Dabei können Sie erkennen, dass sich jetzt neue kleinere Netzwerke herauskristallisieren. So wird sichtbar, mit wem Sie Schritte zur Lösung Ihrer Anliegen gehen können.

Die Kopfstandmethode

Wenn es Ihnen nicht gelingt, eine Lösung für ein Anliegen zu finden, dann ändern Sie doch einmal Ihren Blickwinkel. Betrachten Sie die Situation aus einer völlig anderen Perspektive, nämlich aus der Kopfstandperspektive - und das geht so:

- Formulieren Sie zuerst Ihr Anliegen als Frage.
- Stellen Sie nun diese Ausgangsfrage „auf den Kopf", kehren Sie sie also ins Gegenteil um.
- Formulieren Sie Gedanken/Maßnahmen, die dazu führen könnten, dass Sie Ihr Anliegen auf gar keinen Fall umsetzen können.
- Kehren Sie dann die Antworten aus dem vorhergehenden Schritt um, sodass sie Lösungen für die Ausgangsfrage bieten. Entscheiden Sie sich für eine Maßnahme zur Weiterarbeit.
- Konkretisieren Sie nun Ihr Vorhaben: Was bedeutet der gewählte Aspekt genau?
- Setzen Sie Ihre Idee um.

Das Innere Team

Sie kennen sicher alle die manchmal in uns selbst streitenden Kräfte. Einerseits möchte ich meinem Kollegen gerne einmal sagen, was ich von seiner Arbeitsweise halte, andererseits weiß ich, dass das schlecht für das Arbeitsklima ist. Schulz von Thun formuliert: „Obwohl ein zerstrittener Haufen im Inneren überaus lästig und quälend sein und bis zur Verhaltenslähmung führen kann, handelt es sich dabei nicht um eine seelische Störung, sondern um einen ganz normalen menschlichen Zustand. Diese 'innere Pluralität' ist letztlich auch wünschenswert. Wenn nämlich aus dem zerstrittenen Haufen ein Inneres Team wird, werden innere Synergieeffekte freigesetzt. Diese rühren vor allem daher, dass die 'vereinten Kräfte' mehr Weisheit in sich tragen, als eine einzelne Stimme allein" (www.schulz-von-thun.de/die-modelle/das-innere-team).

Das bedeutet: Dieses Innere Team können wir nutzen, um zu einer vernünftigen Entscheidung zu kommen. Alle Stimmen dürfen zu Wort kommen, und jede Einlassung wird registriert und auf ihre Verwertbarkeit hin überprüft. Sie wählen selbst aus, wer zu Ihrem Inneren Team gehört (treffen Sie hier gerne eine gewagte Entscheidung).

Grafik: Carl Christian Brandt

Zur Auseinandersetzung mit dem Inneren Team können folgende Fragen nützlich sein:

- Wie bin ich bisher mit ähnlichen Herausforderungen umgegangen?
- Was reizt mich an meiner momentanen beruflichen Situation, was macht mir große Freude?
- Möchte ich weitere Aufgaben übernehmen?
- Was kann ich besonders gut, wo liegen meine Potenziale?
- Werden meine Potenziale von der Leitung und dem Team gewürdigt?
- Wie gehe ich mit Belastungen um?
- Kann ich meine Wertschätzung den Kolleginnen und Kollegen gegenüber zeigen und offen Rückmeldung geben?
- Welche Arbeiten gebe ich lieber an Kollegen ab?
- Bin ich flexibel, kann ich mich schnell und gut auf neue Situationen einstellen?
- Wie gehe ich mit Konflikten um?

Schreiben Sie an sich selbst einen Brief, in dem Sie fünf Jahre in die Zukunft denken:

- Was hat sich bis dahin verändert?
- Wo und in welcher Position befinde ich mich?
- Wie verhält es sich mit meiner Work-Life-Balance?
- Wie fühle ich mich in meinem Team?
- Welche Aufgaben sind besonders interessant, wo liegt mein selbst gewählter Arbeitsschwerpunkt?
- Wie sehen meine Arbeitsbedingungen aus?

Schauen Sie sich nun Ihren Brief genau an. Wahrscheinlich werden Sie entdecken, dass Sie gar nicht fünf Jahre warten müssen, um etwas zu bewegen. Fragen Sie sich:

- Was kann ich heute oder morgen schon umsetzen?
- Wer hat vor mir bereits an einem ähnlichen Projekt erfolgreich gearbeitet?
- Von wem bekomme ich dazu Informationen?
- Wer unterstützt mich?

Die Lösungssonne

Schreiben Sie in jeden Sonnenstrahl, welcher Wunsch sich erfüllen müsste, damit Sie sich an Ihrem Arbeitsplatz optimal fühlen: ein gutes Teamklima, Einhaltung der Ruhepausen, weniger Vertetungen etc.

Suchen Sie sich nun die drei Sonnenstrahlen aus, die Ihnen besonders wichtig sind. Vielleicht geht es anderen im Team genauso. Sie sollten sich darüber austauschen. Als nächstes arbeiten Sie an einem Lösungsvorschlag. Es empfiehlt sich, immer drei Lösungen für ein Vorhaben zu finden; dann können Sie daraus auswählen, was Sie wie umsetzen möchten.

Vier Stühle – vier Fragen
Vier Zettel, auf denen eine der folgenden Fragen steht, liegen jeweils auf einem Stuhl. Sie können die Fragen nun noch einmal entspannt sitzend in Ruhe lesen, darüber nachdenken und sie dann beantworten.

1. Verläuft mein berufliches Leben wie geplant?

2. Was wünsche ich mir noch, damit ich mich an meinem Arbeitsplatz richtig wohlfühlen kann?

3. Was wünschen sich die Kolleginnen und Kollegen?

4. Wie können wir diese Wünsche in Erfüllung gehen lassen? Was können wir tun?

2. Vom Umgang mit der Zeit

Haben Sie ausreichend Zeit, um beruflich und privat die Dinge zu tun, die Sie für wichtig halten und die Ihnen Spaß machen? Oder lassen Sie sich häufig die Zeit nehmen, lassen sie zerrinnen? Widmen Sie den Kindern ausreichend Zeit und wissen Sie, wie viel Zeit sie zum Spielen, zum Ausruhen, zum Toben, zum Träumen ... brauchen? Ich möchte Sie ermuntern, über das Thema nachzudenken, denn es ist nicht nur für Sie ein Gewinn, kompetent mit Ihrer Zeit umzugehen, und trägt entscheidend zum Wohlfühlen am Arbeitsplatz bei. Sie vermitteln als Vorbild auch den Kindern, von denen heute häufig gesagt wird, dass sie einer verplanten Generation angehören, eine Form von „Zeitwissen".

Legen Sie Metaplankarten bereit und schreiben Sie auf, was Ihnen zum Thema Zeit einfällt – auf jede Karte eine Idee. Nach etwa 15 Minuten schauen Sie sich Ihre Karten an und sortieren sie in positive, negative, neutrale Aussagen, Ideen mit visionärem Charakter etc. So erhalten Sie einen ersten Eindruck von Ihrer Einstellung zum Zeitbegriff, vielleicht auch von dem, was Ihnen in diesem Zusammenhang Freude oder Sorgen macht. Das kann Ihnen dabei helfen, eine erste Entscheidung für Ihren Umgang mit der Zeit zu treffen. Vielleicht werden Sie künftig nicht mehr so überpünktlich sein oder mehr Dinge delegieren?

Zeit ist auf jeden Fall eine kostbare Ressource und Zeitmangel eines der großen Probleme unserer Gesellschaft. Doch die Zeit ist uns nur geliehen. Gerade im sozialpädagogischen Arbeitsfeld wird umfassend in Form von Protokollen, Arbeitsberichten, Evaluationen der effiziente Umgang mit der Zeit dokumentiert. Dazu passt auch der Ausspruch „time is money" von Benjamin Frankiln. Und das beinhaltet: Zeit ist nicht zum Vergnügen da, sondern

dient dem Erwerb von Geld. Dieser Gedanke taucht auch immer wieder mehr oder weniger versteckt in unserem Sprachgebrauch auf. Er hat mir meine Zeit gestohlen, ich habe keine Zeit zu verschenken, wir wollen doch keine Zeit verschwenden, ich habe zu viel Zeit verbraucht, ich habe Zeit eingespart. Und das hat Auswirkungen auf unsere Einstellung.
Heute wissen wir, dass jeder Mensch seinen eigenen Rhythmus, sein eigenes Tempo hat und es keine für alle verbindlich geltenden Optimal-Zeiten gibt. „Rousseau war der Auffassung, Zeit zu verlieren sei die größte, wichtigste und nützlichste Regel jeglicher Erziehung. Kinder haben ihren eigenen Rhythmus und benötigen ihr eigenes Tempo: Verarbeitungszeit, Zeit der Vergegenwärtigung, der Vertiefung, auch der Wiederholung und schließlich auch der ’Sättigung‘“ (Flitner 2001, S. 9). Das gilt auch für Erwachsene: Ich will meine Zeit nicht ständig einteilen, wohl wissend, dass es im beruflichen Bereich Zeiten einzuhalten gilt. Aber nicht um jeden Preis. Auch hier ist es wieder wichtig, die richtige Balance zu finden.

2.1 Zeitdiebe aufspüren

Kennen Sie das? Sie haben den ganzen Tag gearbeitet, sind nun erschöpft und haben trotzdem das Gefühl, nichts geschafft zu haben. Es kommt auch niemand, um Sie für die geleistete, wenn auch nicht immer offen sichtbare Arbeit zu loben. Und Sie befürchten: Das Hamsterrad wird sich am nächsten Tag wieder genauso drehen. Irgendetwas läuft da falsch. Aber was?

Jetzt ist es ratsam herauszufinden, wer oder was Ihnen „die Zeit stiehlt". Notieren Sie mindestens eine Woche lang, wer oder was Sie an Ihrem Arbeitsplatz Zeit und damit auch Energie kostet. Ihr Notizzettel könnte so aussehen:

Meine Zeit- und Energiefresser	Meine Zeit- und Energiespender
1.	1.
2.	2.
3.	3.
4.	4.
5.	5.

Mithilfe dieser Liste können Sie dann eine Analyse vornehmen und Ihr persönliches Zeitmuster entdecken.

Im Folgenden werden die häufigsten **Stolpersteine im Umgang mit der (Arbeits-)Zeit** vorgestellt (vgl. Küstenmacher & Küstenmacher 2014):

Die hohe Messlatte: Sie erwarten mehr von sich, als Sie leisten können, und wollen alle nur denkbaren Aufgaben hundertprozentig erledigen. Perfektionismus kann sehr zeit- und kräfteraubend sein und die Fehlerquote in die Höhe treiben. Sie dürfen sich erlauben, Fehler zu machen. Aus Fehlern lernen wir. Viele spannende Innovationen sind unter anderem aus Fehlern entstanden. Sollten Ihre „Zeitfressernotizen" (siehe S. 45) auf diesen (zu) hohen Anspruch hinweisen, versuchen Sie, Ihre Messlatte tiefer zu hängen. Überprüfen Sie, welche Aufgaben zeitweilig vernachlässigt werden können, welche Sie streichen können und an welchen Stellen Sie lernen müssen, „Nein" zu sagen (siehe Seite 69ff.). Beschränken Sie sich auf weniger Aufgaben pro Tag. Das gelingt Ihnen, wenn Sie einen Plan haben und eine Prioritätenliste für sich anfertigen.

Das Super-Ziel: Falsch gesetzte Ziele führen häufig zu Überforderung. Ihre Vorgesetzte möchte, dass sich Ihre Einrichtung als Modell-Kita qualifiziert. Dabei ist das Team immer noch dabei, sich als inklusive und partizipative Kita zu positionieren. In solch einer Situation sollten Sie unbedingt klären, welches Ziel Priorität hat und wann es als abgeschlossen gilt. Vielleicht sind Sie als Team auch noch gar nicht so weit, um ein weiteres Ziel in Angriff zu nehmen.

Der nagende Zweifel: Sie sind unzufrieden, haben das Gefühl, den Tag falsch einzuteilen und den Kindern nicht genügend Zeit zu widmen. Sie würden Ihre Arbeitszeit gerne reduzieren, sind sich aber nicht sicher, ob

Sie dann noch mit dem Geld zurechtkommen. Das Arbeitsklima ist belastet, aber niemand spricht das offen an. Sie sollten versuchen, genau herauszufinden, wodurch sich Ihre Unzufriedenheit bemerkbar macht (Kopfschmerzen, Reizbarkeit, Rückenprobleme) und worin sie begründet liegt. Sprechen Sie Ihre Zweifel offen an. Vielleicht ergeht es ja anderen im Team genauso wie Ihnen. Und dann finden Sie sicher einen gemeinsamen Weg der Veränderung.

Die falsche Arbeitsform: Sie sind fachlich hervorragend ausgebildet und haben sich schon das ein oder andere Jahr erfolgreich in der Praxis bewährt. Aber mit Ihrer Kollegin X kommen Sie überhaupt nicht zurecht. Während Sie auf Beteiligung der Kinder setzen, ist Kollegin X. eine absolute „Bestimmerin". Vielleicht stört es Sie, dass die Eltern von Ihnen erwarten, die Kinder fit für die Schule zu machen und endlich Vorschulmappen anzuschaffen. Manche pädagogischen Fachkräfte kommen auch mit der offenen Arbeit nicht zurecht. Nicht jede Arbeitsform passt zu jedem Menschen. Prüfen Sie, am besten mithilfe der Leitung, ob Sie zum Beispiel in ein anderes Team wechseln können. Versuchen Sie zu klären, ob „Ihr Thema" in einer der nächsten Teambesprechungen aufgegriffen werden kann und wer oder was Sie bei der Zusammenarbeit mit den Eltern unterstützen könnte.

Sich ständig wiederholende Diskussionen: Sie sitzen in stundenlangen Teambesprechungen und führen doch immer wieder die gleichen Diskussionen. Dabei kommen Sie nie zu einem Ergebnis. Lassen Sie solche Sitzungen nicht einfach über sich ergehen. Äußern Sie Ihre Kritik offen und deutlich und fordern Sie ein Ergebnis ein. Sehen Sie das Protokoll einer solchen Sitzung ein und weisen Sie dann bei Bedarf auf diese Diskussionsschleifen hin.

2.2 Zeit- und Selbstmanagement nutzen

Die Anforderungen an die pädagogische Arbeit in den Kitas sind in den letzten Jahren stark gestiegen; die Erwartungen von Politik, Träger und Eltern werden immer anspruchsvoller. Gleichzeitig macht sich der Mangel an gut qualifiziertem Personal bemerkbar. Manchmal fühlen Sie sich dann wie der Akrobat mit den „chinesischen Tellern", der alles empfindliche Porzellan auf den Stäben gleichzeitig am Rotieren halten muss. Dabei läuft er pausenlos von einem Stab zum nächsten, um alle gleichzeitig zu bedienen. Und das erfordert seine ganze Aufmerksamkeit. Wo bleibt da die Zeit für die wirklich wichtigen Bildungs- und Betreuungsaufgaben? Es ist an der Zeit, eine Bestandsaufnahme zu machen:

Fertigen Sie eine Tabelle an, in der Sie Ihre Tätigkeiten notieren. Das verschafft Ihnen einen klaren Überblick über das, was zu tun ist. So können Sie auch sehen, ob zu viel auf dem Plan steht, an anderen Stellen noch „Luft" oder Wichtiges nicht am richtigen Platz ist. Ausschlaggebend ist, dass Sie sich überhaupt mit dem Thema „Zeit" systematisch beschäftigen. Der Blick ist auch dabei wohlwollend nach innen gerichtet: Sie und Ihr Team wollen „einfach" entspannter durch den Tag kommen.

Eine Tätigkeitsliste könnte wie folgt aussehen:

Zeit	Organisatorische Aufgaben	Pädagogische Aufgaben	Nicht planbare Aufgaben
Arbeitsbeginn 7.00–8.30 Uhr	Frühdienst, kurze Besprechungen mit den Kolleginnen und Kollegen Tagesplanung Aushang für Eltern	Kollegiale Fallbesprechung	Telefongespräche Tür-und-Angelgespräche mit Eltern
9.00–10.30 Uhr		Morgenkreis und Kita-Parlament	
11.00 Uhr			

Erweitern Sie die Tabelle, wie es Ihrer Einrichtung und Ihrem Arbeitsablauf entspricht und skizzieren Sie dann so genau wie möglich, welche Tätigkeiten Sie in welcher Zeit bewältigen.

Können Sie jetzt die folgenden Fragen beantworten?

- Sind die Aufgaben in der vorgesehenen Zeit, bei hoher Qualität ausführbar?
- Entsprechen die Aufgaben Ihren Zielen?
- Nutzen Sie die Zeit effektiv?
- Verlieren Sie sich in Routine?
- Haben Sie genügend Zeit für Absprachen mit Kolleginnen und Kollegen?
- Bleibt Ihnen Zeit zum Entspannen?
- Bleibt genügend Zeit zum Reflektieren?
- Erledigen Sie alles selbst oder können Sie auch Aufgaben delegieren bzw. mit anderen tauschen?

- Verbringen Sie den größten Teil Ihrer Zeit mit den Kindern und kommen Ihrem pädagogischen Auftrag nach?
- Rauben Ihnen Verwaltungsaufgaben viel Zeit?
- Entspricht Ihr Umgang mit der Zeit Ihrem Bio-Rhythmus? Manche Menschen bewältigen morgens mehr und qualitativ anspruchsvollere Arbeit als am Nachmittag.
- Erkennen Sie in dem, was Sie machen, einen Sinn oder funktionieren Sie einfach?

„Zeit geht verloren, wenn Menschen nicht zielgerichtet vorgehen, keine Übersicht über das, was sie tun wollen/sollen haben, keine Prioritäten setzen, nicht Nein sagen können und die vorhandene Zeit wenig sinnvoll nutzen. Zeit sinnvoll zu nutzen, bedeutet: effektiv und effizient sein. Effektiv sind Sie, wenn Sie die richtigen Dinge tun (das Ziel im Auge haben). Effizient sind Sie, wenn Sie diese Dinge auch richtig tun (die richtigen Mittel, Interventionen, Methoden einsetzen). Achten Sie darauf, dass Sie selbst Herrin oder Herr über Ihre Zeit und Ihre Arbeit sind und nicht umgekehrt“ (Stamer-Brandt & Tofern 2013, S. 67).

Als pädagogische Fachkraft können Sie Ihre Arbeitszeit nur in geringem Umfang managen. Deswegen ist es sinnvoller, ein gutes Zeitgefühl zu entwickeln und sich selbst zu managen (Selbstmanagement). Und weil Sie pädagogische Fachkraft und kein Managerin sind, brauchen Sie auch keinen Time-Planer und keine Management-Tools. Sie wissen nicht im Voraus, wann die Einrichtung ein Noro-Virus oder eine Grippewelle ereilt, wann sich die Kinder heftig und andauernd zanken, für welche Projektidee sie sich entscheiden, wann eine Gruppe von Eltern eine Initiative für oder gegen eine Entscheidung der Kita gründen wird oder eine Kollegin dauerhaft ausfällt.

Doch gibt es noch genügend andere Aspekte im Kita-Alltag, bei denen Ihnen ein gewisses Selbstmanagement hilft, Ihre Zeit effektiv zu nutzen und Prioritäten zu setzen. Sie können zum Beispiel einmal schauen, wie viele Rollen und Aufgaben Sie wirklich an Ihrem Arbeitsplatz übernommen haben:

Zeichnen Sie mehrere Hüte auf ein Blatt Papier (siehe Vorlage) und bezeichnen Sie jeden Hut mit einer Ihrer Rollen: Beziehungsperson für die Kinder, Beraterin der Eltern, Freundin von Kollegin X, Mentorin für Praktikantin Y, Leiterin des Gesundheitszirkels, Mitglied des Betriebsrates, Mitglied der Projektgruppe Inklusion, Kontaktperson für Pressearbeit etc.

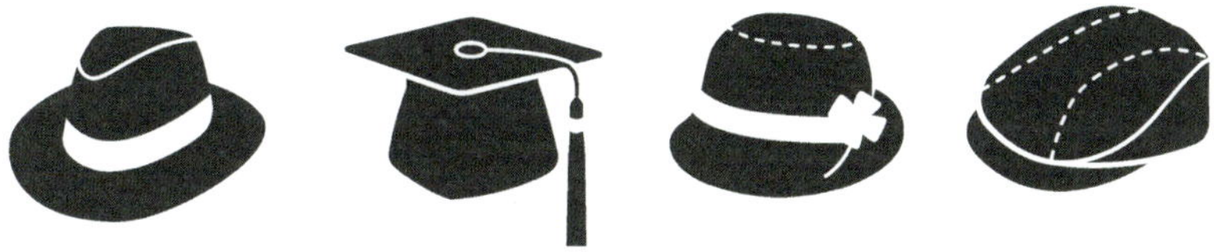

Betriebsratsmitglied   Mentorin   Bezugsperson   Pressereferentin   etc.

Schauen Sie sich nun Ihre Hüte genau an. Brauchen Sie tatsächlich jeden Hut, um sich wohlzufühlen, um Ihre Arbeit optimal gestalten zu können? Haben Sie vielleicht zu viele Hüte im Schrank? Auf welchen Hut sollten Sie möglicherweise verzichten, um einen anderen aufsetzen zu können?

Wie viel Zeit Sie Ihren verschiedenen Tätigkeiten widmen, können Sie erkennen, wenn Sie einen Zeitverteilungskuchen backen (oder zeichnen). Schneiden Sie dann den Kuchen in verschieden große Stücke, die den jeweiligen Zeitaufwand symbolisieren:

- Das größte Kuchenstück ist vielleicht das, das zeigt, wie viel Zeit Sie tatsächlich direkt mit den Kindern verbringen.
- Wie groß ist das Kuchenstück für die Verwaltungsarbeit?
- Wie viel Zeit verbringen Sie mit der Planung Ihrer Arbeit?
- Wie viel Zeit verwenden Sie für Gespräche mit Kolleginnen und Kollegen?

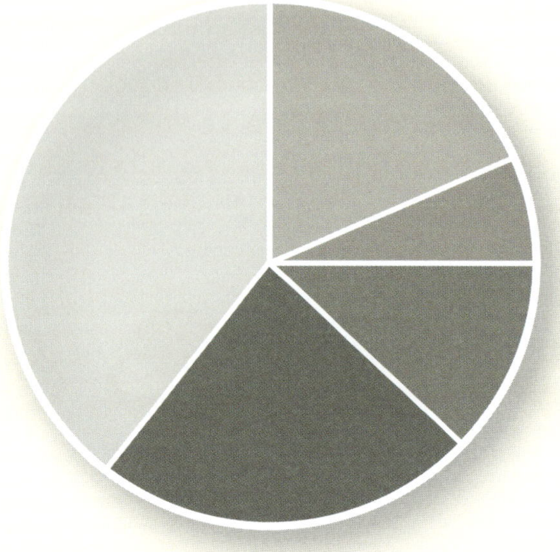

Ihrem Zeitverteilungskuchen können Sie auch einen Wunschkuchen gegenüberstellen. Wenn Sie den Kuchen mit Ihrer gewünschten Zeitverteilung auf Folie zeichnen, können Sie ihn dann auf den „Echtzeitkuchen" legen und die Unterschiede zwischen Wunsch und Wirklichkeit klar erkennen. Das Visualisieren hilft dabei, Klarheit über Ihren Arbeitsaufwand und Ihre Prioritätensetzung zu bekommen.

Bitten Sie Ihre Kolleginnen und Kollegen, auch einen Zeitverteilungskuchen anzufertigen. Alle Kuchen werden dann bei einer Teambesprechung an die Wand geheftet und diskutiert. Vielleicht entdecken Sie dabei, dass Sie eine hervorragende Zeitverteilung haben und die Prioritäten richtig gesetzt sind. Vielleicht wird deutlich, dass alle ein Kuchenstück zu groß oder zu klein bemessen haben und nun darüber nachdenken sollten, ob eine Veränderung angesagt ist. Auf jeden Fall werden Ihre Kuchen Anlass für einen wichtigen Austausch bieten.

Hilfen im Umgang mit der Zeit

- Lassen Sie sich nicht ständig um kleine Gefälligkeiten bitten: „Kannst du mal für mich …“ Üben Sie, Nein zu sagen (siehe S. 69ff.).
- Delegieren Sie Aufgaben. Sie müssen nicht alles alleine machen. Doch zeigen Sie Geduld, wenn die Kinder Ihnen helfen wollen. Kinder helfen gerne und können weit mehr, als die meisten Erwachsenen denken. Nehmen Sie auch Hilfsangebote von Eltern an.
- Erstellen Sie eine To-do-Liste für den Tag. Darauf finden sich auch unerledigte Sachen vom Vortag wieder. Die Aufstellung ist eingeteilt in: wichtig, unwichtig, sofort zu erledigen.
- Entwickeln Sie Strategien. Fragen Sie sich immer, ob ein Arbeitsvorhaben, ein Gespräch zwischen Tür und Angel, ein zeitaufwändiges Telefongespräch, eine umfangreiche Dokumentation wirklich gerade wichtig sind, um die Ziele der Einrichtung zu erreichen. Und fragen Sie sich auch, ob Sie die richtige Person sind, um die jeweilige Arbeit zu erledigen. Beginnen Sie mit Dingen, die schnell zu erledigen sind. Achten Sie darauf, die richtigen Prioritäten zu setzen. Führen Sie Ihre Aufgaben dann auch zu Ende.
- Führen Sie einen Terminkalender, ein Notizbuch, benutzen Sie eine Pinnwand und halten Sie Ordnung bei diesen kleinen Helfern.
- Nutzen Sie technische Hilfsmittel (PC, Kopierer, große Ablageflächen, Pinnwand, Regale) (vgl. Stamer-Brandt & Tofern 2013).

Zum Selbstmanagement gehört auch, dass Sie positiv denken und handeln. Der Tag lässt sich besser managen, wenn Sie ihn positiv beginnen. Stehen Sie nicht erst in letzter Minute auf. Nehmen Sie sich lieber Zeit für ein gutes Frühstück, einen kurzen Spaziergang und planen Sie schon am Morgen einen Zeitpuffer ganz für sich alleine ein. Überlegen Sie sich, welchen Wunsch Sie sich an diesem Tag noch erfüllen möchten und freuen Sie sich darauf. Das macht gute Laune – und mit guter Laune bewältigen Sie Ihren Arbeitstag besser.

Nehmen Sie sich auch Zeit für Gespräche: mit den Kindern, dem Hausmeister, mit den Kolleginnen und Kollegen etc. Wenn das gesamte Team morgens in Eile ist und keine Zeit für einen Austausch hat, kann der ganze Tag misslingen. Ein freundlicher Umgang miteinander sorgt dagegen für gute Laune, minimiert die Fehleranfälligkeit und fördert die Arbeitsmoral.

Entdecken Sie, welcher Zeittyp Sie sind

Jeder Mensch „tickt“ anders, jeder hat sein ganz individuelles Zeitempfinden. Jeder hat eigene Werte und Prioritäten, eigene Erfahrungen und auch eine eigene Zeitperspektive, sein eigenes Zeitmodell. Psychologen ordnen Menschen mit bestimmten Eigenschaften, Verhaltensweisen und Persönlichkeitsstrukturen bestimmten Zeittypen zu.

Es gibt eine ganze Reihe unterschiedlicher Zeittypen-Modelle, von denen ich Ihnen hier zwei vorstelle. Indem Sie erkennen, welcher Zeittyp Sie sind, können Sie Ihre Arbeit bewusster einteilen und so Ihren Kita-Alltag optimieren. Sie können feststellen, wie Sie auf Zeitdruck reagieren, welche Rolle Pünktlichkeit für Sie spielt und welches Selbstmanagement für Sie in diesem Zusammenhang wichtig sein könnte.

Das **DISG-Modell** des Psychologen William Moulton Marston (Seiwert, 2004) zeigt vier Zeittypen auf: **D = Dominante; I = Initiative; S = Stetige; G = Gewissenhafte.**

Dominante Zeittypen gelten als Menschen, die sich nicht unterordnen möchten. Sie nutzen ihre Zeit aus, um ihr Ziel bestmöglich zu erreichen. Der dominante Zeittyp wartet nicht gerne, nimmt sich jedoch durchaus das Recht, selbt verspätet zu erscheinen.
Initiative Zeittypen reagieren eher spontan und nehmen es mit der Uhrzeit nicht so genau. Sie sind kreativ, lassen sich gerne von neuen Ideen anstecken und neigen zu Multitasking – besser, alles auf einmal, als „gut Ding will Weile haben".
Stetige Zeittypen betrachten die Zeit als ihren Feind, wenn von ihnen verlangt wird, unter Druck zu arbeiten. Dieser Zeittyp gilt auch als pünktlich.
Gewissenhafte Zeittypen gehen gründlich vor. Das bringt sie nicht selten in Zeitnot. Sie sind in der Regel pünktlich und erwarten Pünktlichkeit auch von anderen Menschen.

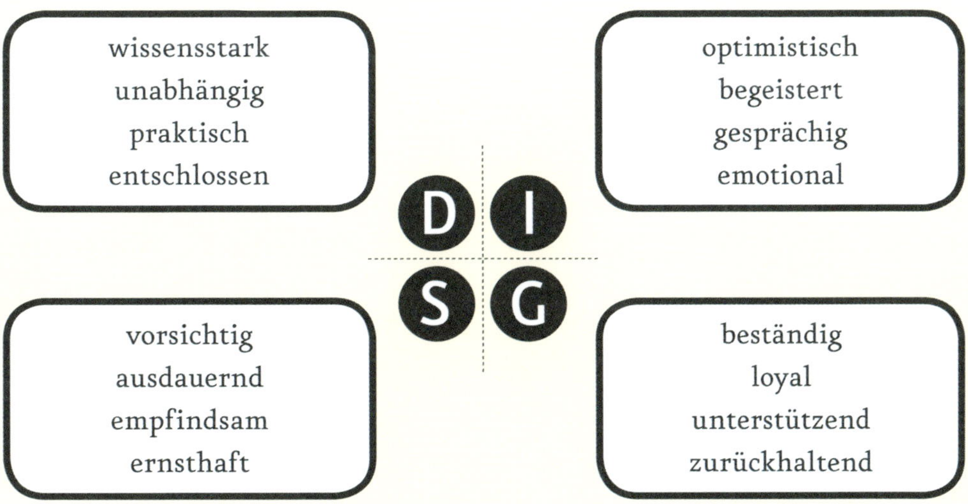

Im Rahmen der Personalentwicklung findet häufig das folgende Modell (Märchy, 2001) mit **fünf charakteristischen Zeittypen** Verwendung:

Der chaotische, spontane, kreative Zeittyp
Er spricht schnell, ist in hohem Maß begeisterungsfähig, energiegeladen, gerne unpünktlich, manchmal auch unzuverlässig und immer offen für Neues. Dieser Zeittyp neigt dazu, sich zu verzetteln und schnelle Entscheidungen zu treffen, die er/sie später bereut. **Tipp**: Energien besser bündeln, gut planen (gerne schriftlich) und regelmäßig Feedback von Kolleginnen und Kollegen einholen.

Der ordnungsliebende Perfektionist
Er ist sehr korrekt, perfekt, überpünktlich und zuverlässig. Dieser Zeittyp kann gut planen, organisieren und ist häufig „detailversessen". Er setzt sich und anderen hohe Ziele, was ihn manchmal unbeliebt macht. **Tipp**: Lassen Sie auch mal alle fünf gerade sein, lernen Sie loszulassen und pflegen Sie guten Kontakt zu den Kolleginnen und Kollegen.

Der Machertyp
Er ist, gerade unter Zeitdruck, fleißig und tatkräftig. Dieser Zeittyp kann gut mit Stress umgehen, ist belastbar und leistungsfähig. Er kann mehrere Dinge auf einmal tun. Das Bedürfnis nach Anerkennung ist sehr ausgeprägt und kann andere unter Druck setzen. **Tipp**: klare Prioritäten setzen, Ausgleich zur Arbeit suchen, kollegiale Zusammenarbeit pflegen, auf Erholungsphasen achten.

Der Überfliegertyp
Er ist vielseitig interessiert, kreativ, kommunikativ, anregend und inspirierend. Dieser Zeittyp kann sich zu vielen Themen eine Meinung bilden und überall mitreden. Er ist intelligent und hat eine schnelle Auffassungs-

gabe. Die Ideenfülle führt nicht immer auch zur Umsetzung in praktisches Handeln. **Tipp**: Prioritäten setzen, Ideen auch das Handeln folgen lassen, gleichberechtigt mit anderen zusammenarbeiten.

Der rücksichtsvolle Typ

Er ist hilfsbereit und bescheiden, teamfähig und unterstützend. Dieser Zeittyp kann nicht gut delegieren und macht es gerne allen recht. Er verhält sich zuverlässig, kann sich zurücknehmen und wird von anderen geschätzt. Der rücksichtsvolle Typ hat oft ein großes Bedürfnis nach Anerkennung und Zuneigung. **Tipp**: Neinsagen lernen, Teamarbeit favorisieren, Hilfsbereitschaft gut dosieren.

Auch wenn Sie jetzt vielleicht herausgefunden haben, welcher Zeittyp Sie sind, sollten Sie sich darüber im Klaren sein, dass es immer Überschneidungen zwischen den Typen gibt und mit der Einordnung keine Bewertung einhergeht. Egal, welcher Typ Sie sind: Jeder hat Stärken und auch Schwächen. Wichtig ist, dass Sie sich dessen bewusst sind und Ihren Arbeitsalltag entsprechend organisieren. Lassen Sie sich nicht in ein Korsett zwängen, das Ihrem Naturell eigentlich zuwiderläuft. Suchen Sie lieber nach kreativen Wegen.

Beachten Sie Ihre Leistungskurve

Die Leistungsfähigkeit eines Menschen ist Schwankungen unterlegen, und es gibt individuelle Unterschiede. Bei den meisten Menschen liegt das Leistungshoch jedoch am Vormittag. Am Nachmittag erreicht einen dann in aller Regel das allgemein bekannte Mittagstief. Viele Menschen versuchen, dieses Tief mit Kaffee oder Tee zu bekämpfen. Das führt jedoch eher zum Gegenteil, weil sie sich zunächst „aufgeputscht“ fühlen, um danach umso müder zu werden. Nach einem kurzen Zwischenhoch fällt die Leistungskurve dann im Laufe des Abends kontinuierlich ab.

Soweit das im Kita-Alltag möglich ist, sollten Sie sich Ihrem Tagesrhythmus anpassen. Das kann Ihnen gelingen, wenn Sie sich eine Weile selbst beobachten. So können Sie feststellen, wann für Sie der richtige Zeitpunkt ist,

- komplizierte Aufgaben in Angriff zu nehmen,
- anspruchsvolle oder schwierige Gespräche zu führen,
- eine Pause einzulegen, um Energie aufzutanken,
- „einfache“ kommunikative Betreuungsaufgaben oder
- Bildungsangebote zu machen.

Tragen Sie in der Tabelle Ihre eigene Leistungskurve ein und berücksichtigen Sie das Ergebnis bei Ihrer Tages- und Wochenplanung. Wichtig ist es, die Tabelle an mehreren Tagen zu führen, da ein einmaliges Ergebnis nicht unbedingt repräsentativ ist (nach Seiwert, 2001).

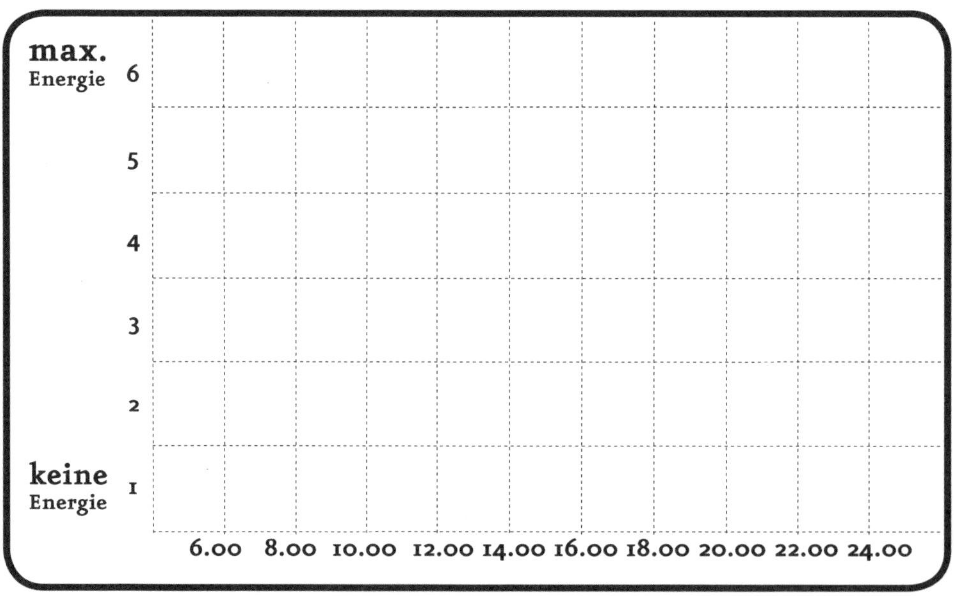

Pausen dienen der Regeneration. Kein Mensch kann über einen längeren Zeitraum hinweg hochkonzentriert arbeiten. Deswegen ist es wichtig, die Arbeitszeit zu gliedern, um die eigene Arbeitsleistung auf einem vertretbaren und gesunden Level zu halten und Fehler zu minimieren. Auch die Konzentrationsfähigkeit der Kinder ist, auch wenn es um noch so spannende Experimente und Themen geht, nicht unendlich. In der Regel lässt das Interesse eines Kindes nach rund zehn Minuten nach. Dann sollte eine Pause oder ein Methodenwechsel erfolgen. Diese Erkenntnis hat auch dazu geführt, sich wieder stärker auf Projektarbeit zu besinnen. Dabei können Kinder und pädagogische Fachkräfte ihrer eigenen Leistungskurve entsprechend agieren.

Medizinische Untersuchungen haben ergeben, dass der beste Erholungswert mit einer kurzen Pause von etwa zehn Minuten erzielt wird. Mehrere kurze Pausen sind sinnvoller als eine lange Pause, weil der Regenerationseffekt bereits nach zehn Minuten wieder nachlässt. Der Pauseneffekt kann durch Bewegung und Sauerstoffzufuhr (im Freien) noch gesteigert werden. Aber auch hier gilt: Der Pausenbedarf ist individuell unterschiedlich. Je eintöniger oder auch je schwieriger eine Aufgabe ist, umso häufiger sollten Sie eine Pause einlegen und dem Bedürfnis, sich dieser Arbeit im Eiltempo zu entledigen, widerstehen.

Die produktive und die unproduktive Arbeitszeit

Wenn es Ihnen gelingt, Ihre Arbeitszeit gut zu nutzen, Ihr Potenzial und Ihre Zeitreserven sinnvoll einzusetzen, dann tun Sie auch gleichzeitig etwas Gutes für Ihre Gesundheit. „Eine Studie von Proudfoot-Consulting aus dem Jahr 2015 hat ergeben, dass im Untersuchungsjahr 2014 nicht nur in Deutschland, sondern auch weltweit die unproduktive Arbeitszeit von Arbeitskräften auf 34,3 Prozent gestiegen ist. Dies bedeutet, dass pro Woche 1,7 Arbeitstage der Arbeitskräfte auf unproduktive Tätigkeiten entfallen. (...) Für diese Produktivitätsverluste geben die Befragten in Deutschland folgende Gründe an:

- Interne Kommunikationsprobleme (27%)
- Gesetzgebung und Regulierung (24%)
- Mangelnde Mitarbeitermotivation und schlechte Arbeitseinstellung (22%)" (Berger 2017, S. 9).

Als Beispiele für unproduktive Arbeitszeit gelten zum Beispiel:

- Private Telefonate
- Private Internetnutzung
- Zu weite Wege zu Arbeitsmitteln
- Das Überziehen von Pausen
- Arbeiten ohne konkrete Ziele
- Unklare Arbeitsaufträge
- Unterforderung oder Überforderung
- Ineffiziente Arbeitsweise
- Täglich wird morgens debattiert und diskutiert, wer heute in welcher Gruppe mit wem arbeiten möchte
- Kommunikation über nicht anwesende Dritte
- Konflikte im Team
- Probleme/Ärger/Streit im Team
- Kein Entscheidungsträger bei der Besprechung anwesend
- In der Sitzung werden Themen diskutiert, ohne dass anschließend eine Entscheidung getroffen wird
- Es gibt keine Tagesordnungspunkte für die Besprechung
- Selbstdarsteller nutzen bei der Sitzung die Gelegenheit, um sich zu profilieren
- Es werden in der gesamten Gruppe Themen besprochen, die lediglich für wenige Mitarbeiter relevant sind (vgl. ebd.)

Wenn Sie feststellen, dass an Ihrem Arbeitsplatz unproduktiv mit der Zeit umgegangen wird, dann sollten Sie das im Team zum Thema machen. Verlangen Sie einen produktiven Umgang mit der Zeit, denn alle leiden darunter. Sie können gemeinsam eine schriftliche Vereinbarung treffen, in der unter anderem Folgendes festgehalten wird:

- Schwierige Themen werden in kleinen Gruppen vorbesprochen, sodass vor Entscheidungen keine stundenlangen Diskussionen notwendig sind.
- Kritikpunkte werden offen angesprochen und gegebenenfalls in einer moderierten Besprechung geklärt.
- In jedem Raum ist ausreichend Material vorhanden, niemand muss lange suchen.
- Jede Mitarbeiterin und jeder Mitarbeiter verpflichtet sich, Tagesordnungspunkte, die sie in die Teambesprechung einbringen werden, frühzeitig am Schwarzen Brett auszuhängen, damit sich alle auf das Thema vorbereiten können.
- Aufgabenverteilungen und Schwerpunkte des Einsatzes sind frühzeitig allen im Team bekannt.
- …

2.3 Die Eisenhower- und die Alpenmethode

Beispielhaft für die zahlreichen Zeitmanagement-Modelle werden im Folgenden zwei Methoden vorgestellt, die gut auf den pädagogischen Arbeitsbereich übertragbar sind.

Eisenhower-Matrix

Die Eisenhower-Matrix bietet eine gute Möglichkeit, Prioritäten zu setzen. Jede Aufgabe wird nach den Kriterien “dringend“ oder „nicht dringend” und “wichtig“ oder „unwichtig” einem der vier Quadranten zugeordnet.

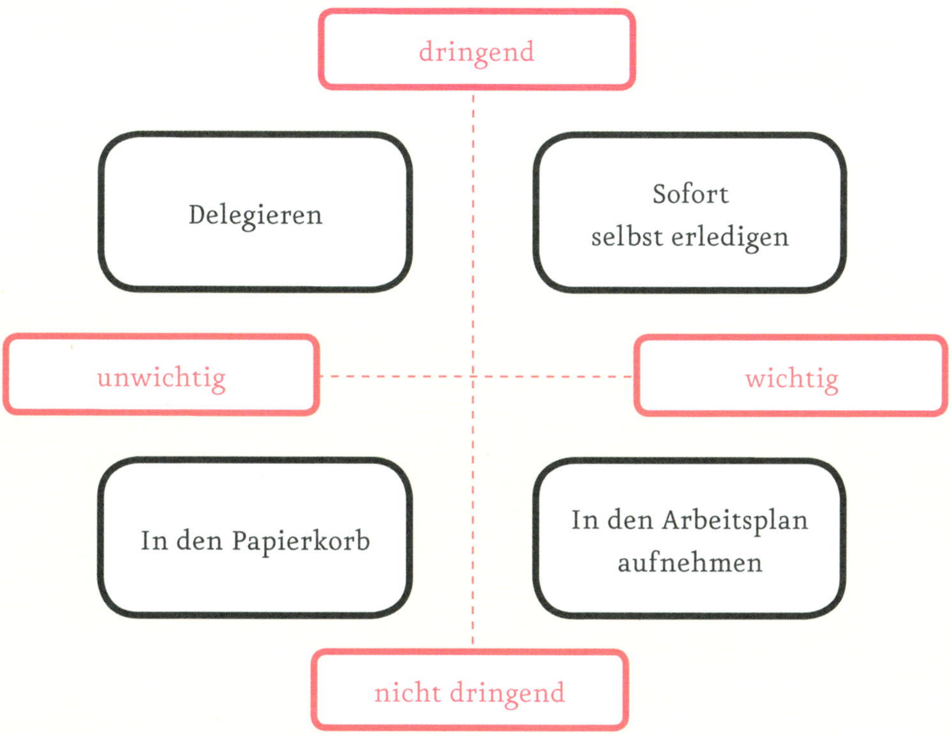

Quelle: Cleuvers 2005, S. 51

So gehen Sie dabei vor:

- Notieren Sie, welche Aufgaben so wichtig sind, dass sie sofort erledigt werden müssen – also noch am selben Tag. In dieses Quadrat gehören auch Entscheidungen, die sofort getroffen werden müssen, Krisengespräche mit Kindern, Eltern, Vorgesetzen, dem Betriebsrat etc., die nicht aufgeschoben werden dürfen.
- Füllen Sie dann das Quadrat delegieren aus. Auch hier handelt es sich um Belange mit hoher Priorität, die aber an andere (Hausmeister, Kollegen, Eltern, Hauswirtschaftskraft, Praktikanten etc.) zur Erledigung abgegeben werden können.
- In den Arbeitsplan nehmen Sie Aufgaben auf, die nicht sofort erledigt werden müssen: Lerngeschichten schreiben, Arbeit am Portfolio, Kontakte zu anderen Einrichtungen pflegen etc.
- In den Papierkorb „werfen" Sie alle unwichtigen Dinge, mit denen Sie nur Ihre Zeit verschwenden. Die Kunst besteht darin, unwichtig von wichtig zu unterscheiden. Wenn Sie zum Beispiel die geborene Sammlerin sind, werden Sie zu Anfang mit dem Papierkorb Schwierigkeiten haben.

Dringlichkeit und Wichtigkeit werden oft nicht klar voneinander getrennt. Das führt dazu, dass wichtige Aufgaben liegenbleiben, immer wieder auf später verschoben werden: „Ich wollte schon seit Wochen ein neues Projekt initiieren, aber ich komme einfach nicht dazu." „Monas Mama wartet seit zwei Wochen auf einen Gesprächstermin, aber ich muss erst die Lerngeschichten fertig schreiben." So geht es manchmal tagelang. Es wird verdrängt (Angst vor dem Gespräch, das problematisch werden könnte?), eine Prioritätenliste fehlt.

ALPEN-Methode

Die ALPEN-Methode ist dazu geeignet, die Arbeitsorganisation zu optimieren. Die Methode erfordert nur wenig Aufwand und ist deswegen gut zu händeln. Sie können jeden Morgen damit starten, dass Sie

- Aufgaben notieren
- Länge der Aufgaben einschätzen
- Pufferzonen einplanen
- Entscheidungen priorisieren
- Nachkontrollieren

Zunächst skizzieren Sie kurz die Aufgaben des Tages. Dann schätzen Sie die Dauer = Länge der zu erledigenden Aktivitäten ein. So können Sie Ihren Zeitaufwand grob erfassen und stecken einen Rahmen fest. Wenn Sie zum Beispiel vorhaben, die Übergabe aus dem Frühdienst nicht in die Länge zu ziehen, dann planen Sie dafür zehn Minuten ein und teilen das der Kollegin auch mit. Für die Projektarbeit veranschlagen Sie 90 Minuten, und das machen Sie mit einem Schild an der Tür deutlich: Projektarbeit von 10 bis 11.30 Uhr.

Sie benötigen auch unbedingt Zeitpuffer. Nur so können Sie unvorhersehbare Ereignisse auffangen: Ein Kind hat großen Kummer, ein Streit stört den Ablauf, eine Kollegin wird plötzlich krank. Für alle diese Situationen brauchen Sie eine Zeitreserve/einen Puffer. Die ALPEN-Methode sieht für den Puffer etwa 20 Prozent der Arbeitszeit vor (diese Zeit wird nicht verplant). Weitere 20 Prozent sollten Sie für „soziale Aktivitäten“ einplanen, zum Beispiel für Gespräche mit den Kolleginnen und Kollegen, eine Kaffeepause etc.

Nun geht es darum, Entscheidungen zu treffen. Sie setzen Prioritäten: Muss das Elterngespräch unbedingt heute stattfinden, die Dokumentation am selben Tag abgeliefert, die Bestellung aufgegeben werden? Was lässt sich verschieben und was muss heute unter allen Umständen erledigt werden? Wieviel Zeit möchte ich ungestört und voller Aufmerksamkeit den Kindern widmen? Bei Ihren Einschätzungen und Entscheidungen ist es wichtig, realistisch zu bleiben, damit Ihr Plan auch funktioniert.

Es macht Sinn, den Tagesablauf kurz vor Dienstschluss zu evaluieren = nachzukontrollieren. Sie können überprüfen, ob Ihr Plan funktioniert hat, ob Sie Ihren Zeitrahmen realistisch eingeschätzt und die Prioritäten richtig gesetzt haben. Im Zuge dessen sollten Sie sich auch gleich einen Überblick über die Aufgaben und Tätigkeiten verschaffen, die am nächsten Tag zu erledigen sind.

Welcher Planungstyp sind Sie?
Die folgende Tabelle kann Ihnen helfen, Ihr Planungsverhalten zu überdenken und zu beurteilen. Kreuzen Sie jeweils Ihre Einschätzung in der folgenden Tabelle an:

	stimmt	stimmt fast	stimmt kaum	stimmt nicht
Ich plane grundsätzlich umfassend und übergreifend				
Ich plane, wenn die Situation es erfordert				
Ich entscheide intuitiv, ich plane nichts				
Ich plane aus eigenem Antrieb				
Ich plane nur, wenn es von mir gefordert wird				
Ich bin mit meinem Planungsverhalten zufrieden				
Ich bin mit meinem Planungsverhalten eher unzufrieden				
Ich mache mir über mein Planungsverhalten keine Gedanken				

Quelle: Stamer-Brandt & Tofern 2012, S. 52

Ergibt der Test, dass Sie Ihr Planungsverhalten noch optimieren könnten, empfiehlt es sich, das Vorgehen schriftlich festzuhalten:

Problemschilderung	**Mögliche Lösung**
Mir bleibt keine Zeit zum Planen, weil ich morgens schon abgehetzt in die Kita komme.	Ich stehe eine halbe Stunde früher auf und nehme mir in der Kita eine Planungszeit.
Ich lasse mich fast immer auf Vorschläge und Bitten der Kolleginnen und Kollegen fraglos ein.	Ich übe, Nein zu sagen.

2.4 „Nein" – der Weg zu mehr Zeit

„Nein" ist das Zauberwort des Zeitmanagements. Es schützt vor Überlastung und beugt Burn-out vor. Wenn Sie dazu neigen, Nein zu denken, wenn Sie Ja sagen, sollten Sie lernen, auch „Nein" zu sagen – beruflich und privat. Gerade Menschen in sozialpädagogischen Berufen fällt ein „Nein" häufig schwer. Der Umgang miteinander ist durch ein freundschaftliches Verhältnis geprägt. Hierarchien gibt es nicht oder sie sind nur unterschwellig vorhanden. Man duzt sich in aller Regel, Klagen über zu viel Arbeit sind verpönt. Gegenseitige Unterstützung wird als selbstverständlich vorausgesetzt: „Du bleibst doch eben noch 15 Minuten, bis Mona abgeholt wird?" In einem solchen Fall könnten Sie ganz selbstsicher und empathisch „Nein, das möchte ich nicht" sagen. Diese Entscheidung müssen Sie nicht begründen:

- Hinter Ihrem Nein steht ein dicker Punkt.
- Hinter Ihrem Nein steht kein „Weil".

Erklärungen, Begründungen, Rechtfertigungen und Notlügen sind überflüssig. Sie haben genauso viel Recht auf Ihre kostbare Zeit wie Ihr Gegenüber. Und Sie haben ein Recht darauf, Ihre eigenen Gefühle selbst zu beurteilen und auch einmal unlogische Entscheidungen zu treffen.

Warum uns ein „Ja“ leichter fällt

Wie halten Sie es mit dem „Jasagen“?

- Haben Sie das Gefühl, sich ausnutzen zu lassen, weil Sie Anfragen und Bitten nicht gut ablehnen können?
- Sind Sie das Mitglied im Team, an dem immer alles „hängenbleibt“?
- Fällt es Ihnen leichter, „Ja“ als „Nein“ zu sagen?
- Haben Sie das Gefühl, dass Sie so beliebt sind, weil Sie häufig „Ja“ sagen?
- Neigen Sie zu schnellen Antworten und Entscheidungen?

Wenn Sie die meisten dieser Fragen mit „Ja“ beantwortet haben, sollten Sie etwas für sich tun: Üben Sie, „Nein“ zu sagen!

Ganz tief in unserem Inneren ist wohl verankert, dass sich ein „Ja“ besser anfühlt und uns zu mehr Ansehen verhilft als ein „Nein“. Es ist anzunehmen, dass wir schon als kleine Kinder entsprechend geprägt worden sind. Im Autonomiealter (früher: Trotzphase) hat man uns vermittelt, dass ein „Nein“ eine unangemessene Antwort ist, die als trotzig empfunden wird. Während das Kind im Autonomiealter mit Verhaltensweisen experimentiert und sich die Reaktionen der Erwachsenen darauf gut merkt, erfährt es, dass ein „Ja“ in der Regel besser ankommt und unkomplizierter ist. Auf ein „Nein“ erfolgen Nachfragen, im schlimmsten Fall Sanktionen. Beides ist unangenehm. Im Laufe der Zeit prägt sich dieses Verhalten ein, wir verinnerlichen es.

Warum können wir uns als Erwachsene von dem Glaubenssatz „Ein Nein ist unerwünscht“ so schwer lösen? Da gibt es die Sorge, zurückgewiesen und als Egoist abgestempelt zu werden. Manche Menschen gehen dabei so weit, dass sie von ihren eigenen Interessen, Wünschen, Prioritäten und Vorstellungen Abschied nehmen.

Im Familien-, Freundes- und Bekanntenkreis, aber auch im Beruf strengen wir uns an, um von den anderen gemocht zu werden. Wer möchte nicht die von den Kindern besonders geliebte Pädagogin oder das im höchsten Maße akzeptierte und geschätzte Teammitglied sein? Wem ist es egal, ob andere Menschen – insbesondere Freunde, Verwandte und Menschen, mit denen wir beruflich zu tun haben – gut über uns denken? Und die Vermutung liegt nahe, dass ein Nein zu Verärgerung führt und wir ein bisschen weniger gemocht werden.

Es herrscht Einigkeit, dass Egoismus kein wünschenswertes Verhalten ist. Grundsätzlich ist das auch richtig. Wäre die Welt voller Egoisten, wäre sie kein lebenswerter Ort. Dennoch ist ein gesunder Egoismus, der auch als Form der Selbstliebe bezeichnet wird, wichtig und unterstützt die Entwicklung der Persönlichkeit.

Gebraucht zu werden verschafft ein gutes Gefühl

Welche Gefühle löst das Gebrauchtwerden bei Ihnen aus?

- Neigen Sie dazu, Wünsche der Kolleginnen und Kollegen zu erfüllen, aus Sorge, zurückgewiesen zu werden?
- Halten Sie es grundsätzlich für richtig, jeden an Sie gerichteten Wunsch zu erfüllen?
- Welche Gefühle löst es bei Ihnen aus, wenn Ihre Bitten und Vorschläge auf Ablehnung stoßen?
- Gibt es in Ihrer Kita eine „Kultur des Jasagens"?
- Erwarten Ihre Kolleginnen und Kollegen tatsächlich, dass Sie von Ihnen immer eine positive Antwort bekommen?
- Welche „heimlichen Regeln" (das sind die, die nicht laut ausgesprochen und schon gar nicht schriftlich festgehalten werden, aber dennoch latent vorhanden sind) gibt es in Ihrer Einrichtung und was tun Sie dagegen?

Wenn andere Menschen uns brauchen, fühlen wir uns wichtig. Wir erfüllen eine Bitte, die uns eigentlich gar nicht gefällt, bekommen dafür vielleicht ein Lob oder später einmal eine Gegenleistung. Beides führt dazu, dass wir uns bestätigt fühlen.

Auch die Angst vor Ablehnung und Zurückweisung hindert uns häufig daran, „Nein" zu sagen. Dabei können wir davon ausgehen, dass die Menschen, die uns wichtig und denen wir wichtig sind, mit einem Nein umgehen können. Werten Sie Ihre Sorge vor Ablehnung deswegen gerne als Überreaktion Ihres Verstandes. Wer ein Nein übelnimmt oder beleidigt reagiert, muss Ihnen kein schlechtes Gewissen bereiten.

Das ist allerdings gar nicht so leicht: Der häufigste Grund, warum das Nein so schwerfällt, sind Schuldgefühle und Gewissensbisse. Wir halten uns für egoistisch und glauben, keine gute pädagogische Fachkraft zu sein, wenn wir Wünsche nicht erfüllen. Dabei gibt es wirklich keinen Grund, sich schuldig zu fühlen. Nur jeder alleine kann sinnvoll darüber bestimmen, wie er seinen Tag nutzt. Ein guter Umgang mit der Zeit, kann nicht daraus bestehen, anderen noch mehr Zeit zu widmen.
Es hat sich schon angedeutet: Der Gegner in diesem Dilemma ist nicht die Person, die uns um einen Gefallen bittet, der Gegner ist die eigene Angst. Angst vor Freundschaftsverlust, Zurückweisung ... Aber Sie können lernen, diese Angst zu bearbeiten, Ihre in der Kindheit erlernten Glaubenssätze zu lockern.

Die folgenden **Tipps zum Neinsagen** von Hedi Gekle-Schneeberger (2015) helfen Ihnen dabei:

- „Ich denke darüber nach und gebe dir morgen Bescheid."
  Bei dieser Möglichkeit gewinnen Sie Zeit. So können Sie in Ruhe darüber nachdenken, ob Sie das Angebot annehmen oder nicht.
- „Das klingt interessant. Trotzdem muss ich ablehnen."
  Auf diese Weise vermitteln Sie Ihrem Gegenüber Anerkennung. Erklären Sie aber nicht den Grund für Ihre Ablehnung.
- „Mmmmmh ... Nein."
  Sozusagen eine der besten Methoden. Damit signalisieren Sie dem anderen, dass Sie sich Gedanken machen und Verständnis haben. Sagen Sie freundlich, aber bestimmt „Nein". Vermeiden Sie Begründungen – diese führen nur zu unnötigen Diskussionen.

Das Neinsagen hilft Ihnen dabei,

- sich selbst zu akzeptieren und zu schätzen
- sich selbstbewusst und frei zu fühlen
- unabhängig zu sein
- eigene Ziele zu verfolgen
- eigene Prioritäten zu setzten
- ...

Ja zu sagen und Nein zu meinen führt dazu, dass Sie

- sich ausgenutzt fühlen und deswegen unzufrieden sind
- Ihre Ziele nicht erreichen können, weil Sie den Wünschen anderer Vorrang geben
- Ihre Interessen und Prioritäten hintanstellen
- sauer auf sich selbst und andere sind
- enttäuscht von sich selbst und von anderen sind
- ...

Selbstcoaching zum Neinsagen

Beginnen Sie, den Schalter umzulegen. Das führt natürlich nicht dazu, dass Sie über Nacht zum Neinsager werden. Hier gilt es, ein bisschen zu üben. Achten Sie bei den folgenden Übungen darauf, dass

- Sie authentisch sind,
- Ihre Körpersprache Ihre Aussage unterstützt,
- die Absage kurz und klar ist,
- Sie nicht zu zögerlich reagieren, weil das unsicher wirkt,
- Sie sich nicht überrumpeln lassen, sondern immer erst über den Wunsch nachdenken. Es geht ja nicht darum, grundsätzlich niemandem mehr einen Gefallen zu tun.

Die Situation vorstellen

Stellen Sie sich eine Situation in allen Einzelheiten vor, in der es Ihnen schwerfällt, Nein zu sagen. Genauso, wie sie in der Realität auch ablaufen würde. Jetzt machen Sie sich mit dem Gedanken vertraut, diesmal Nein zu sagen. Spielen Sie in Gedanken durch, mit welchen Worten Sie sich äußern, und versuchen Sie zu spüren, wie Sie Ihr Nein selbstsicher und freundlich aussprechen können.

Der heiße Stuhl

Stellen Sie zwei Stühle gegenüber. Ein Stuhl ist für Sie, der andere für Ihr imaginäres Gegenüber. Setzen Sie sich zunächst auf den Stuhl Ihres Gegenübers und äußern Sie eine Bitte, die Sie selbst nicht erfüllen wollen. Anschließend wechseln Sie den Stuhl und geben eine ablehnende Antwort. Danach wird noch einmal gewechselt, und Sie formulieren in der Rolle Ihres Gegenübers eine Reaktion auf Ihre Absage.

Zum Üben können Sie auch formelhafte Sätze benutzen wie:

- Das kann ich nicht.
- Das will ich nicht.
- Dazu habe ich keine Lust.
- Das möchte ich nicht.

Das Spiegel-Nein

Üben Sie das Neinsagen auch vor dem Spiegel. Dabei können Sie gut kontrollieren, ob bei Ihnen Worte, Gestik und Mimik übereinstimmen. Manchmal sagt man nämlich Nein und zeigt durch Haltung und Mimik, dass man im Grunde doch lieber „Ja“ sagen würde. Eine eindeutige Körpersprache könnte so aussehen:

- Blickkontakt halten
- Kopf schütteln
- Hände vor der Brust verschränken
- Mit fester Stimme sprechen
- Mit der Hand eine abwehrende Bewegung machen

Rollenspiel: Das Problem beim Absender lassen

Suchen Sie sich eine Mitspielerin oder einen Mitspieler und versetzen Sie sich in folgende Situation: Ihre Vorgesetze (die Mitspielerin) möchte, dass Sie künftig eine Schicht übernehmen, die überhaupt nicht Ihrer Lebensplanung entspricht. Doch hat Ihre Chefin bisher immer erlebt, dass Sie klaglos einspringen und bereit sind, ungeliebte Aufgaben zu übernehmen. Sie appelliert an Ihr soziales Gewissen, weckt bei Ihnen Schuldgefühle, übt Druck aus, erregt Mitleid.

Ihre Aufgabe ist es nun, in dem Rollenspiel das Problem nicht zu Ihrem eigenen werden zu lassen. Das Problem liegt bei Ihrer Chefin, und da soll es auch bleiben. Wie verhalten Sie sich?

Alltagssituationen zum Üben nutzen

Nutzen Sie Situationen aus dem Alltag zum Üben, die das Neinsagen ohne Folgen ermöglichen. Das kann zum Beispiel an der Supermarktkasse sein, wenn Sie gefragt werden, ob Sie schnell jemanden vorlassen können. Auch im Familien- und Freundeskreis bieten sich immer wieder Gelegenheiten.

Nein zu sich selbst sagen

Wer nicht Nein zu sich selbst sagen kann, der kann erst recht nicht „Nein" zu anderen sagen. Üben Sie sich deswegen in Disziplin und versagen Sie sich zum Beispiel an einem Abend die Tafel Schokolade oder das Glas Wein. Wer sich immer alle Wünsche sofort erfüllt und es nicht schafft, sich selbst ein Nein entgegenzusetzen, dem fällt es auch schwer, anderen gegenüber konsequent aufzutreten.

Die Übungen und Tipps haben Ihnen vielleicht dabei geholfen, ein klares Nein in einem etwas anderen Licht zu sehen. Doch verstehen Sie mich bitte nicht falsch: Es geht nicht darum, prinzipiell jede Bitte abzuschlagen. Sie sollten durchaus überlegen, in welcher Situation sich Ihr Gegenüber befindet, in welcher Beziehung Sie zu ihm und welche Motive hinter der Bitte stehen. Stimmt ganz allgemein in dieser Beziehung das Verhältnis zwischen Geben und Nehmen?

Wichtig ist, sich nicht ausnutzen oder manipulieren zu lassen und dabei auch noch kostbare Zeit zu verschwenden. Sollten Sie das Gefühl haben, dass genau das passiert, lassen Sie diese Strategie ins Leere laufen. Reagieren Sie darauf mit einer Ich-Botschaft: „Ich vermute, dass ich dich jetzt enttäusche. Aber ich möchte kein schlechtes Gewissen haben, weil ich dir jetzt eine Absage erteile." Und wichtig ist auch, dass Sie den Umgang mit dem Neinsagen im Team kommunizieren.

3. Das Arbeitsklima

Immer wieder berichten mir Erzieherinnen und Erzieher im Rahmen von Tagungen, Seminaren und Vorträgen davon, dass das Meinungsklima in ihrer Einrichtung zu wünschen übrig lässt. Da werde nicht angstfrei kommuniziert, Probleme gegenüber Vorgesetzten würden nicht angesprochen, abweichende Meinungen nicht toleriert.
Das muss nicht so sein. Wenn die Qualität der Arbeit nicht leiden und die Mitarbeiterinnen und Mitarbeiter für Ihre Arbeit brennen und nicht verbrennen sollen, dann muss das Teamklima stimmen. Nur Hand in Hand können Sie den Anforderungen Ihres Arbeitsalltages begegnen.

Wie schätzen Sie das Teamklima in Ihrer Einrichtung ein?
- Ist Ihre Meinung gefragt?
- Können Sie angstfrei kommunizieren?
- Gehen Sie gleichberechtigt miteinander um?
- Gibt es in Ihrer Kita eine unterstützende Feedback-Kultur?
- Gehen Sie wertschätzend miteinander um?
- Ist das Team in der Lage, abweichende Meinungen zu akzeptieren?
- Gibt es im Team eine positive Fehlerkultur?

Ein gutes Team ist meiner Meinung nach in aller Regel ein heterogenes Team. Es ergänzt und befruchtet sich gegenseitig. Deswegen besteht ein Dream-Team nicht aus lauter besten Freundinnen, sondern aus Menschen mit unterschiedlichen Fähigkeiten, Vorlieben, Ideen, Kenntnissen und Verhaltensmerkmalen. Die Vielfalt macht ein gutes Team aus.

Wenn diese unterschiedlichen pädagogischen Fachkräfte ein gemeinsames Ziel verfolgen, sollten sie auch in der Lage sein, sich zu einem Team zu entwickeln, das gerne und erfolgreich zusammenarbeitet, sich gegenseitig Wertschätzung entgegenbringt und unterstützt, respektiert sowie die Stärken und Schwächen des anderen annehmen kann – ein Team, in dem man sich wohlfühlen kann. Ein gut zusammenarbeitendes Team mit einer positiven Grundstimmung macht das Arbeiten angenehm und ruft gute Leistungen hervor.

Für die Mitarbeiterzufriedenheit ist natürlich in erster Linie die Leitungskraft verantwortlich: Mitarbeiterzufriedenheit ist Chefsache. Eine Leitungskraft kann aber nicht immer alles mitbekommen, was im Team passiert. Deswegen ist sie auf die offene und ehrliche Rückmeldung ihrer Mitarbeiterinnen und Mitarbeiter angewiesen. Das Team hat ein Recht darauf, sich an Planungs- und Organisationsabläufen zu beteiligen und mit dazu beizutragen, dass das Einrichtungsklima „von Vertrauen, Kooperation und einem konstruktiven Umgang mit Unterschiedlichkeiten geprägt ist" (STEGE–Studie 2013, S. 2002).

3.1 Wertschätzend kommunizieren

Die Sprache ist ein wichtiges, vielleicht sogar das wichtigste „Werkzeug“ der Pädagoginnen und Pädagogen. Sprache kann:

- Verständnis signalisieren
- erklärend wirken
- hinderlich oder fördernd sein
- beleidigen
- zu Missverständnissen beitragen
- wertschätzen
- Beziehungen entstehen lassen, sie stabilisieren oder beenden
- …

Ein positives Arbeitsklima steht und fällt mit der Art und Weise, wie die Mitarbeiterinnen und Mitarbeiter miteinander kommunizieren. Wenn die Stimmung im Team angespannt ist und „dicke Luft“ herrscht, sich anhaltendes Schweigen und Resignation breit machen, dann ist es höchste Zeit, etwas zu tun.

Eine Kultur der Wertschätzung schaffen

Da der wertschätzende Umgang miteinander im hektischen Alltag manchmal verlorengeht, ist es wichtig, Rituale zu schaffen, die eine positive Rückmeldung unterstützen. Das kann die Teamsitzung sein, die immer mit einer Erfolgsrunde beginnt. Das bedeutet, dass jedes Teammitglied die Gelegenheit erhält, zu sagen, was anderen und auch ihm selbst gut gelungen ist, aber auch, was es noch an Unterstützung braucht, um den Tag erfolgreich zu gestalten.

Wichtig ist auch das Einhalten von Gesprächsregeln. Gerade, wenn Sie noch ein junges Team sind (im Sinne von: Wir arbeiten noch nicht lange zusammen), schreiben Sie einige zentrale Gesprächsregeln, die sie in gemeinsamer Arbeit entwickelt haben und die zu ihrem Team passen, auf ein großes Poster, das dann im Besprechungsraum hängt.

Beispiele für Gesprächsregeln

- Probleme werden zeitnah angesprochen.
- Sach- und Beziehungsebene werden, soweit möglich, voneinander getrennt.
- Auch Kritik kann wertschätzend vorgetragen werden.
- Wir benutzen authentische Ich-Botschaften.
- Wir vergewissern uns, dass wir richtig verstanden worden sind.
- Wir vergewissern uns, dass wir richtig verstanden haben.
- Wir achten darauf, dass alle zu Wort kommen.
- Wir kommunizieren ohne Schuldzuweisung.

In Konfliktsituationen (siehe S. 95ff.) hilft es, sich der gewaltfreien Kommunikation (GfK) zu bedienen. Das geht so:

Die Beobachtung: Am Anfang stehen die Wahrnehmung und Beschreibung der Situation – ohne jede Interpretation. Zum Beispiel: „Zu den letzten beiden Teamsitzung bist du eine halbe Stunde zu spät gekommen" statt „Immer kommst du zu spät!". Beobachten Sie die Situation genau, fassen Sie keine vorschnelle Meinung. Registrieren Sie, was gesagt oder getan wurde, und formulieren Sie in der ersten Person: „Mir ist ... aufgefallen", „Ich habe ... gesehen/gehört".

Das Gefühl: Drücken Sie Ihre Emotionen erst aus, wenn Sie sie auch entsprechend gespürt haben. Formulieren Sie als Ich-Botschaft, welche Wirkung das Geschehene auf Sie hat: „Ich fühle mich ...", „Ich ärgere mich ...", „Ich denke gerade ...", „Ich möchte jetzt am liebsten ...".

Das Bedürfnis: Nachdem Sie Ihr Gefühl ausgedrückt haben, erklären Sie, was Sie sich jetzt wünschen (z.B. „Ich wünsche mir mehr Wertschätzung"). Hier geht es darum, die eigenen Bedürfnisse und inneren Werte anzusprechen: „Ich brauch jetzt gerade ...", „Mir ist wichtig, dass ...", „In dieser Situation hätte mir geholfen, wenn ...".

Die Bitte: Aus dem Bedürfnis heraus entwickelt sich dann eine Bitte, und die sollte möglichst konkret sein (z.B. bei der nächsten Teamsitzung pünktlich sein). Formulieren Sie die Bitte, den Wunsch wieder als Ich-Botschaft (siehe S. 101): „Ich wünsche mir von euch ...", Wären Sie bereit, ...", „Ich möchte euch bitten ...".

Fragen Sie auch Ihre Teamkolleginnen und -kollegen, wie die Situation aus ihrer Sicht, für alle Beteiligten akzeptabel, geregelt werden kann. Methodisch kann Ihnen dabei helfen:

Der Baum der wertschätzenden Kommunikation

Sie haben folgende Möglichkeiten, mit dem Baum zu arbeiten:

Einzelarbeit: Jedes Teammitglied erhält einen Arbeitsbogen mit dem Bild des Baumes und einer Gießkanne (ganz einfach, selbst zu zeichnen). Nun schreibt jeder zwischen die **Baumwurzeln** (Symbol für die Grundlagen der wertschätzenden Kommunikation) Begriffe wie: zuhören, genau hinsehen, verstehen ... Der **Stamm** drückt aus, was das Blätterdach trägt, zum Beispiel: Sprechfähigkeit, Wortwahl... In das **Blätterdach** oder auf die Zweige werden Eigenschaften geschrieben, die für eine wertschätzende Kommunikation von großer Bedeutung sind: Wärme, Lob, Akzeptanz ... Alles, was sonst noch unterstützend ist, kommt aus der **Gießkanne**: Blickkontakt, Berührungen, kleine Aufmerksamkeiten ...

Gruppenarbeit: Sie zeichnen die Vorlage auf ein großes Plakat und erarbeiten dann den Baum der wertschätzenden Kommunikation gemeinsam im Team.

Einzel- & Gruppenarbeit: Sie fertigen erst die Einzelergebnisse an, stellen sie im Plenum vor. Dann bilden Sie kleine Gruppen (3–5 Personen), die sich auf Grundlage ihrer Einzelarbeiten auf einen gemeinsamen Baum einigen. Wenn Sie mögen, können Sie auch noch eine kleine nagende Maus an die Baumwurzel setzen. Sie steht für Störungen und Unannehmlichkeiten. Nach der Bestandsaufnahme werden im Team gemeinsame Lösungsvorschläge erarbeitet.

> Wertschätzende Kommunikation gelingt auch dann gut, wenn Sie keine Kritik anbringen müssen, sondern Dinge aussprechen, die Ihnen gut gefallen. Was übrigens viel zu selten gemacht wird …

Tipp: Kurse für eine gewaltfreie Kommunikation werden in allen Bundesländern u.a. vom Arbeiter-Samariter-Bund (ASB) angeboten.

3.2 Die Rollen im Team klären

Die Qualität der Kita-Arbeit steht und fällt mit der Teamleistung. Nur ein funktionierendes Team ist in der Lage, anspruchsvolle pädagogische Arbeit zu erbringen. Am besten arbeitet ein Team, wenn möglichst viele unterschiedliche Rollen im Team besetzt sind (multiprofessionelles Team). Auf diese Weise gelingt es den Mitgliedern, sich gegenseitig zu ergänzen und die unterschiedlichen Stärken und Kompetenzen zu nutzen. Sie können sich wertschätzen, weil sie über unterschiedliche Fähigkeiten verfügen und sich gegenseitig unterstützen.

Ein gutes Team zeichnet sich unter anderem aus durch:

- gute Beziehungen,
- eine gemeinsam formulierte und abgestimmte Zielsetzung,
- gemeinsam entwickelte Standards,
- eine gute Arbeitsbeziehung/Teamgeist/Vertrauen,
- Übernahme von Verantwortung,
- wertschätzende Kommunikation,
- Offenheit,
- eine Fehlerkultur im Sinne von: Lob des Fehlers,
- Vielfalt
- ...

Stellen Sie sich folgende Fragen:

- Wie definieren Sie „gutes Team"?
- Was können Sie dazu beitragen, dass Ihr Team ein gutes Team ist oder wird?
- Herrscht im Team Übereinstimmung über das, was ein gutes Team ausmacht?

Da Sie sich in der Regel nicht Ihr eigenes Dream-Team zusammenstellen können und das auch für ein gutes Arbeitsergebnis gar nicht wünschenswert wäre, sind die Mitglieder darauf angewiesen, ihre Rollen innerhalb des Teams zu entdecken und zu klären. Sie kennen das wahrscheinlich: In jedem Team gibt es jemanden, der ständig nörgelt und akribisch jeden auch noch so kleinen Fehler aufdeckt. Andere Teammitglieder nerven, weil sie nie jemanden ausreden lassen oder, statt kurze Antworten zu geben, umständliche und lange Statements vorbringen.

Doch reagieren wir alle – nicht nur die nervenden Teammitglieder – meistens vorhersehbar. Deswegen ist es hilfreich, die eigene Rolle zu entdecken und kritisch zu betrachten sowie die anderen Rollen im Team herauszufinden. So lassen sich viele Konflikte vermeiden bzw. beim Auftreten bearbeiten. Wenn ich weiß, wie meine Kollegen und ich „ticken", wer sich wie und warum bei welchem Anlass verhält, gelingt Kommunikation leichter. Ich kann üben, mich zurückzunehmen oder stärker einzubringen. Ich kann auf Kollegin X einfühlsamer eingehen oder mit ihr verabreden, dass ich sie auf ein Zeichen hin unterbrechen darf etc.

Meredith Belbin, eine englische Expertin für Teamentwicklung, hat neun Teamrollen identifiziert. Sie fand heraus, dass bestimmte Rollen immer wieder eingenommen werden, und wollte ergründen, ob und wie diese Erkenntnisse dabei helfen können, ein erfolgreiches Team zu bilden. Hier das Ergebnis:

Handlungsorientierte Rollen

Teamrolle	Beitrag	Stärken	Schwächen
Umsetzer (Implementer)	Sorgt dafür, dass Ideen und Pläne in die Tat umgesetzt werden.	Diszipliniert, organisiert, verlässlich. Setzt auf Konzepte und Strukturen.	Manchmal unflexibel, reagiert zögerlich auf Änderungen der Umwelt.
Perfektionist (Completer, Finisher)	Sorgt für gewissenhaftes Arbeiten und das Einhalten von Terminen.	Gewissenhaft, pünktlich, vermeidet Fehler, achtet auf Details.	Manchmal überängstlich, kontrolliert Dinge mehrfach, delegiert nur ungern.
Macher (Shaper)	Fordert das Team heraus, sich zu verbessern. Will Hindernisse überwinden.	Dynamisch, energiegeladen, konzentriert sich auf Kernprobleme, lenkt die Aufmerksamkeit des Teams auf das Wesentliche.	Neigt zu Provokationen, ist ungeduldig, wirkt manchmal arrogant.

Kommunikationsorientierte Rollen

Teamrolle	Beitrag	Stärken	Schwächen
Koordinator (Co-ordinator)	Agiert als Entscheider, koordiniert das Team und achtet auf Erreichung der Ziele.	Selbstsicher, kommunikativ, entschlussfreudig. Delegiert Aufgaben effektiv.	Kann als manipulierend empfunden werden.
Teamarbeiter (Teamworker)	Achtet auf gute Zusammenarbeit.	Diplomatisch, sympathisch, beliebt. Achtet auf ein gutes Klima im Team.	Oft eher zögerlich, in Entscheidungen unentschlossen.
Wegbereiter (Resource Investigator)	Sucht Chancen und Kontakte im Umfeld.	Extrovertiert, guter Netzwerker, enthusiastisch, kommunikativ. Denkt über den Tellerrand hinaus.	Neigt zu viel zu optimistischem Denken, verliert schnell das Interesse. Verliert gerne das Kernthema aus den Augen.

Wissensorientierte Rollen

Teamrolle	Beitrag	Stärken	Schwächen
Neuerer (Plant)	Bringt neue Ideen und Lösungsansätze hervor.	Kreativ, denkt unorthodox, fantasievoll. Sucht nach Ideen und neuen Lösungen.	Oft unkonzentriert, Flüchtigkeitsfehler, schlecht kritikfähig. Ignoriert gerne Details.
Beobachter (Monitor-Evaluator)	Analysiert Optionen auf Umsetzbarkeit.	Analytisch, streng, konzentriert. Verfügt über gutes Urteilsvermögen.	Oft zynisch und skeptisch, manchmal zurückgezogen.
Spezialist (Specialist)	Stellt Fachwissen zur Verfügung.	Engagiert, interessiert am Fachthema. Wandelt allgemeine in fachlich korrekte Aussagen um.	Verliert sich gerne in technischen Einzelheiten. Kein guter Entscheider.

Quelle: www.projekte-leicht-gemacht.de/blog/pm-methoden-erklaert/teamrollen-belbin/

Warum ist es für Sie von Vorteil, sich mit diesem Rollenmodell zu beschäftigen? Ganz einfach: **Rollenkenntnis** führt unter anderem dazu, dass

- Sie Ihr eigenes Verhalten besser verstehen, es akzeptieren oder verändern können,
- Sie und Ihre Kolleginnen und Kollegen bewusst mit Ihren Stärken und Schwächen arbeiten, Erkenntnisse möglicherweise in neues Handeln umsetzen,
- Offenheit im Team herrscht, Verhaltensweisen thematisiert werden und auf Stärken sowie Schwächen eingegangen werden kann,
- das Verständnis füreinander gestärkt wird,
- die Möglichkeit genutzt wird, ein Team so zusammenzustellen, dass man sich gegenseitig ergänzen, unterstützen und stärken kann,
- fehlende Rollen besetzt, zugewiesen oder auch ausgewählt werden können,
- Sie in sich schlummernde Rollen entdecken können, die Sie aktivieren sollten.

Das Problem solcher Modelle besteht darin, dass man damit nicht alles erklären kann und Menschen natürlich nicht vollständig berechenbar sind. Außerdem sind die Rollen nicht starr, sondern gehen fließend ineinander über. Wir alle besetzen mehrere Rollen, die in unterschiedlichen Situationen auch unterschiedlich zur Geltung kommen. Außerdem helfen uns diese Rollenbeschreibungen nicht dabei, Probleme wie persönliche Abneigungen oder Konkurrenzkampf in den Griff zu bekommen.

Versuchen Sie trotzdem einmal, sich in einer oder mehreren Rollen wiederzufinden: Stellen Sie sich dafür, wenn Sie mögen, vor einen Spiegel und probieren Sie nun aus, wie Sie agieren würden, wären Sie

- Ihre Vorgesetze, die Ihnen mitteilt, dass Ihr Urlaubswunsch in diesem Jahr nicht realisierbar ist,
- ein Kind, dass sich im Supermarkt gegen vordrängelnde Erwachsene wehrt,
- eine Praktikantin, die sich von Ihnen nicht ausreichend wertge schätzt fühlt,
- Ihre Tochter/Ihr Sohn, die/der mehr Mitbestimmungsrechte ein fordert.

Prüfen Sie dann,

- in welcher Rolle Sie sich wohl, in welcher Sie sich unwohl gefühlt haben und warum das so war,
- in welcher Rolle Sie überzeugend argumentieren konnten,
- ob Sie sich gut in die Rolle einfühlen konnten,
- ob Sie für Ihr eigenes Verhalten etwas aus dem Rollenspiel mitnehmen konnten.

Als Einzelperson und Mitglied eines Teams können Sie natürlich keinen Teamentwicklungsprozess in Gang setzen. Das ist eine Leitungsaufgabe. Aber Sie können zum Beispiel anregen,

- für den Teamentwicklungsprozess professionelle Unterstützung einzuho len,
- Methoden anzubieten, die das Team in die Lage versetzen, sich spielerisch mit den Teamrollen auseinanderzusetzen.

Die Fragestellungen aus dem „Zauberladen" können helfen, Teammitglieder miteinander in Kontakt zu bringen und der eigenen Rolle auf die Spur zu kommen:

„Der Zauberladen"

„Beim Zauberladen werden keine materiellen Gegenstände, sondern spezielle Fähigkeiten wie zum Beispiel Geschicklichkeit, Zielstrebigkeit, Nachdenklichkeit, Talente, Gefühle und soziale Fähigkeiten (Mut, etwas offen anzusprechen; Zurückhaltung im richtigen Moment etc.) getauscht.

Zunächst erhält jedes Teammitglied die Gelegenheit, sich persönlich unter Zuhilfenahme von Symbolen vorzustellen. Die Symbole signalisieren die speziellen und sozialen Fähigkeiten und werden auf einem kleinen Tisch ausgelegt. Die Tische können in einem Raum stehen, aber auch auf die gesamte Kita verteilt sein.

Die gesamte Gruppe wandert nun von einem Tisch zum anderen. Jedes Teammitglied erklärt seine Symbole und deren Bedeutung. Was offenbart und was erst einmal für sich behalten wird, bestimmt jeder für sich selbst.

So kann zum Beispiel ein Terminkalender für Termindruck stehen, ein Baum für neue pädagogische Ideen oder Projekte, verschiedene Figuren für die Herkunftsfamilie, wenn diese für den Beruf wichtig ist, und eine kleine Hängematte für die Fähigkeit, zu entspannen. Unter einem Tuch können sich Fähigkeiten verstecken, die im Beruf noch nicht zum Tragen kamen.
Die Selbstwahrnehmung kann durch die Fremdwahrnehmung der anderen ergänzt werden. Diese sind berechtigt, fehlende Fähigkeiten zu ergänzen (z.B. ein Symbol für schnelle Auffassungsgabe oder ein Symbol für ein Projekt).
Im Anschluss an die Vorstellung können Fähigkeiten miteinander ausgetauscht werden. So kann eine Mitarbeiterin, die oft ein wenig zu schnell handelt, einen Teil ihrer schnellen Auffassungsgabe gegen einen Teil Gemächlichkeit bei einer anderen Mitarbeiterin eintauschen. Das Aushandeln kann den vertrauensvollen Kontakt untereinander fördern. Zur Vertiefung können die Teammitglieder miteinander kleinere gemeinsame Projekte erarbeiten, bei denen sie die neue Verteilung der Fähigkeiten umsetzen (z.B. gemeinsames Elterngespräch)."

Quelle: www.nifbe.de/component/themensammlung?view=item&id=664:wie-werden-wir-ein-team&catid=82

Zu einer Rolleneinschätzung kommen Sie auch mithilfe einer **Skizze einer Theaterbühne**:
Stellen Sie sich vor, dass Sie sich in einem Theater befinden. Wo und in welcher Rolle sehen Sie sich jetzt? Sind Sie die Hauptdarstellerin, die Soufleuse, die Regisseurin oder eine Zuschauerin. Vielleicht sehen Sie sich auch in der Rolle der unbequemen Alten oder der vor Ideen sprühenden Assistentin? Und wo sehen Sie Ihre Kolleginnen? Zeichnen oder schreiben Sie die Rollen auf die Skizze der Theaterbühne, die Sie vorher angefertigt haben.
Arbeiten Sie in einem stabilen Team, können Sie auch die Kolleginnen und Kollegen anregen, ein Theaterbild zu zeichnen und das Ergebnis dem Gesamtteam vorzustellen. So kommen Sie ins Gespräch und entdecken vielleicht, das Selbst- und Fremdeinschätzung manchmal weit auseinanderliegen.

Offenheit, Mut und Einsichtsfähigkeit können dazu führen, Klarheit zu schaffen, Einsichten zu gewinnen und Änderungen herbeizuführen. Die vorhergehende Übung führt zur Selbstreflexion (Wie wirke ich auf dich? Was führt dazu, dass du dich zeigst, wie du dich zeigst?) und zu einer bewussten Wahrnehmung der anderen Teammitglieder. Auf diesem Wege können auch Rollenbilder korrigiert und Rollenzuschreibungen verworfen werden.

3.3 Konflikte lösen

An jeder Arbeitsstelle gibt es hin und wieder Konflikte. Wie die Mitarbeiterinnen und Mitarbeiter damit umgehen, hat entscheidenden Einfluss auf das Arbeitsklima. Ein Konflikt liegt vor, wenn:

- zwei oder mehrere Personen beteiligt sind bzw. mehrere unterschiedliche Positionen bestehen,
- es gegenläufige Verhaltenstendenzen oder Handlungspläne gibt,
- deutliche emotionale Spannungen vorhanden sind; Wut, Enttäuschung, Unverständnis eine Rolle spielen,
- Inhalts- und Beziehungsebene sich vermischen.

Treten alle vier Merkmale am Arbeitsplatz auf, handelt es sich ganz eindeutig um einen Konflikt – und der verlangt nach einer Lösung.

Vom Umgang mit Konflikten

Konflikte gibt es in jedem Team. Ein Leben ohne Konflikte ist nicht denkbar. Leider gibt es keine Methode, die uns befähigt, Konflikte einfach abzuschaffen. Stattdessen können Sie

- Konfliktherde durch genaue Beobachtung identifizieren
- Konflikte ernstnehmen (auch wenn Ihre Sichtweise eine völlig andere ist)
- Folgen unbedachten Handelns voraussehen
- Sorge dafür tragen, dass berufliches Handeln von privaten Beziehungsproblemen getrennt wird
- üben, eine beruflich-professionelle Haltung einzunehmen
- Konflikte offenlegen, statt sie unter den Tisch zu kehren
- Stolpersteine aus dem Weg räumen

Dabei hilft es, Konfliktherde zu erkennen und sich argumentativ darauf vorzubereiten:

Beispiel 1: Im Rahmen der Urlaubsplanung kommt es immer wieder zu Konflikten mit Kollegin X. Sie hat – ebenso wie Sie – schulpflichtige Kinder und möchte deswegen auch während der Schulferien Urlaub nehmen.
Beispiel 2: Felix und Lotta haben gestern im Sandkasten gestritten. Lottas Mutter wird heute wutentbrannt in die Kita kommen, um sich zu beschweren, dass Lotta schon wieder von Felix geschlagen wurde.
Beispiel 3: Sie befürchten, dass Ihre Vorgesetzte Sie wieder einsetzen wird, um die Verantwortung für den Tag der offenen Tür zu übernehmen. Sie haben das schon mehrfach gemacht, sind aber der Meinung, dass jetzt einmal jemand anderes dran ist.
Bereiten Sie sich auf die drei geschilderten Situationen vor: Machen Sie sich Notizen über die zu erwartenden Konflikte und nutzen Sie das Innere Team (siehe S. 38), um eine Problemlösung zu erarbeiten.

Das Tückische an Konflikten ist, dass sie schleichend entstehen. Wenn nicht die ersten Anzeichen wahrgenommen werden (Abkühlung des Verhältnisses, Blickkontakt wird vermieden etc.) und schnell ein Gespräch geführt wird, kann es tatsächlich zu verhärteten Fronten kommen, die nur schwer zu bearbeiten sind.

Nicht jeder Konflikt lässt sich durch einen Kompromiss lösen, und nicht jeder Kompromiss ist befriedigend. Dennoch sind die folgenden Grundsätze der Konfliktlösung für jedes Team eine Überlegung wert:

Grundsätze der Konfliktlösung

Sich gegenseitig respektieren: Verzichten Sie darauf, Macht auszuüben oder Überlegenheit zu demonstrieren. Senden Sie Ich-Botschaften und hören Sie Ihrem Konfliktpartner genau zu.

Alle Punkte, die zu Missverständnissen geführt haben, ansprechen: Denken Sie auch über Ihre eigenen Anteile an der Auseinandersetzung nach, überprüfen Sie Ihre Motive und Ihre Einstellungen.

Einen möglichst großen Konsens herstellen: Man muss nicht immer einer Meinung sein, kann aber aufeinander zugehen. Das kann gelingen, wenn beide Konfliktparteien Zugeständnisse machen und nicht glauben, alleine das Recht auf die richtige Lösung gepachtet zu haben. Weisen Sie auch niemals Schuld zu, sondern drücken Sie Ihre Empfindungen aus. Trauen Sie auch Ihrem Gegenüber zu, eine vernünftige Lösung präsentieren zu können. Bedenken Sie immer, was Sie selbst tun können, um den Konflikt zu beenden.

Die Verantwortung teilen: Der Konflikt ist ein gemeinsames Problem, das Sie auch gemeinsam lösen sollten. Formulieren Sie dafür ein gemeinsames Ziel. Und denken Sie immer daran: Nur was ausgesprochen ist, kann auch geklärt werden.

Zur Konfliktlösung gehört auch, eine Art „Frühwarnsystem“ zu entwickeln, Indikatoren für konflikthafte Situationen im Vorwege wahrzunehmen und auf sie zu reagieren. **Warnzeichen für konflikthafte Situationen** können sein:

- **Ungewissheit:** Ich habe keine Ahnung, was von mir erwartet wird. Welche Folgen wird mein Handeln haben?
- **Fremdheit:** Ich muss mich mit etwas völlig Neuem auseinandersetzen, dadurch fühle ich mich bedroht. Das Neuartige überzeugt mich nicht, es macht mich unsicher.
- **Zweifel:** Irgendetwas stimmt nicht mit meinen bisherigen Erfahrungen überein. Ich bin doch gut! Werden meine Leistungen eigentlich gesehen?
- **Gegensatz:** Unsere Standpunkte sind scheinbar völlig unterschiedlich. Unsere Haltung gegenüber den Kindern ist nicht deckungsgleich. Unsere Einschätzung von Sachverhalten unterscheidet sich. Wir setzen unterschiedliche Prioritäten bei der Zielfindung.
- **Überraschungen:** Wieso weiß ich von dem Vorhaben eigentlich nichts? Warum wird jetzt das Programm umgestellt? (vgl. Stamer-Brandt 2011)

Ein Beispiel zur Konfliktlösung in 8 Schritten (Schäfer, 2012)

Analysieren

Schritt 1: Das Problem fokussieren – Worum geht es genau?

Kollegin X (61 Jahre) bietet immer wieder sehr gerne Beschäftigungen an. Im Konzept der Kita ist verankert, dass die Kita Projekte gestaltet. Zuständig dafür ist Frau A. Sie möchte, dass sich auch Frau X an der Projektarbeit beteiligt und nicht ständig ihr „eigenes Ding“ macht.

Schritt 2: Ursachen analysieren – Warum ist das so?

Frau X. kann sich nicht auf eine neue Art der Arbeit einstellen und möchte weiter das anbieten, was sie gut kann. Sie ist überzeugt davon, dass auch die Kinder ihre Bastelangebote gerne annehmen. Von Frau A. fühlt sie sich unter Druck gesetzt.

Bearbeiten

Schritt 3: Ziele festlegen und gewichten – Was soll erreicht werden?
Projektarbeit soll weiterhin erste Priorität haben. Frau X. soll nicht unter Druck gesetzt werden. Kinder dürfen unter der Meinungsverschiedenheit nicht leiden

Schritt 4: Alternativlösungen finden – Was könnte die Lösung sein?
Frau X. hospitiert zunächst bei ein oder zwei Projekten und übernimmt beim nächsten Projekt eine kleine Aufgabe ihrer Wahl. Sie bietet allerdings in Absprache mit den anderen Kolleginnen weiterhin einmal wöchentlich eine Beschäftigung an.

Beurteilen

Schritt 5: Lösungsalternativen bewerten – Was ist das Beste?
Auf diese Weise kann Frau X motiviert statt brüskiert werden.

Schritt 6: Entscheiden und begründen – Warum dieser Vorschlag?
Es besteht eine Chance, dass Frau X die andere Art der Arbeit doch gefällt. Sie wird nicht unter Druck gesetzt. Auch Kinder, denen Projektarbeit nicht zusagt, werden zufriedengestellt.

Kontrollieren

Schritt 7: Auswirkungen berücksichtigen – Was sollte nicht passieren?
Frau X. soll sich nicht ausgeschlossen und vom Team ausgegrenzt fühlen.

Schritt 8: Lösung umsetzen und beurteilen – Wie ist das Problem gelöst?
Frau X. und ihre Kolleginnen können mit dem Kompromiss gut leben.

Probieren Sie nun das folgende, ganz einfache **Modell der Konfliktlösung** aus: Entscheiden Sie sich zuerst gedanklich für einen konkreten Konflikt aus Ihrem Arbeitsleben. Nun legen Sie fünf Karten in Postkartengröße bereit und schreiben auf jede Karte eine Möglichkeit der Problemlösung. Dabei können Sie gerne Ihrer Kreativität freien Lauf lassen und sich selbst auch Lösungen anbieten, die Sie sich normalerweise gar nicht zu denken erlauben. Manchmal kommt man auf diese Art und Weise zu überraschenden Ergebnissen.
Schauen Sie sich anschließend Ihre Lösungsmodelle an und schreiben Sie auf die Rückseite der jeweiligen Karte, was für und was gegen die Lösung spricht, was ein akzeptabler Kompromiss wäre.
Der nächste Schritt besteht darin, ein Gespräch mit dem an diesem Konflikt Beteiligten zu führen und ihn, statt mit Vorwürfen zu konfrontieren, um etwas Konkretes aus den vorhergehenden Überlegungen zu bitten – zum Beispiel: „Ich bitte dich, mir gleich Bescheid zu geben, wenn sich an unserem Arbeitsplan etwas ändert." Der andere bekommt in diesem Gespräch natürlich auch die Möglichkeit, selbst „Angebote" zu machen.

Zauberformel: Ich-Botschaft

Die Ich-Botschaft besteht darin, seinen Ärger in der ersten Person Singular zu äußern, statt die Kollegin, ein Familienmitglied etc. zu beschuldigen. Mit einer Ich-Botschaft machen Sie das Problem zu Ihrem Problem und laden die Verantwortung für die Lösung nicht allein Ihrem „Problemgeber" auf.

Die Zauberformel lautet: Ich habe ein Problem und würde mich freuen, wenn du mir hilfst, es zu lösen.

Das mag zunächst ungewöhnlich anmuten, weil Sie sich ja sicher sind, dass Sie keine „Schuld" trifft. Dennoch macht es Sinn, eine Formulierung einzuüben, die es dem Gegenüber leicht macht, mit Ihnen im Gespräch zu bleiben, statt abzublocken oder sauer zu werden, weil die Kritik so schmerzhaft ist.

Formulieren Sie die folgenden Sätze so um, dass Sie Ihren Ärger ohne Schuldzuweisung ausdrücken, also als Ich-Botschaft, und notieren Sie Ihre Aussage in der rechten Spalte:

Immer kommst du zu spät und überlässt mir die ganze Arbeit.	
Du biederst dich ständig den Eltern von Lotta an, das ist völlig unprofessionell.	
Du kannst immer nur rumsitzen und freundlich in die Luft gucken, statt konstruktive Vorschläge zu machen.	
So bequem wie du möchte ich auch mal sein.	

Verwandeln Sie destruktive Aussagen (linke Spalte) in konstruktive Formulierungen:

Wenn ich mich jetzt äußere, blamiere ich mich.	Beispiel: Ich packe das jetzt an und mache es so gut wie möglich.
So, wie Kollegin X das macht, kriege ich es nie hin.	
Ich bin viel zu aufgeregt und werde es deswegen nicht schaffen.	
Das kann einfach nicht gutgehen.	
Ich versuche es lieber erst morgen.	
Keine Ahnung, wie ich das bewältigen soll.	
Davon verstehe ich nichts, das macht mir Angst.	
Ich habe heute einfach einen schlechten Tag.	

3.4 Krisen bewältigen

Der Begriff „Krise“ bedeutet so viel wie Wendepunkt oder Entscheidung. In der ursprünglichen Bedeutung ist eine Krise eine Anhäufung von misslichen oder bedrohlichen Situationen. Eine Krise ist eine Situation, in der wir gezwungen sind, unsere Entscheidungen zu überdenken, Gewohnheiten zu verändern, eingefahrene Bahnen zu verlassen und darüber nachzudenken, wie es weitergehen soll.

Eine Krise kann nicht nur einzelne Menschen ereilen, sondern auch eine Institution, eine Arbeitsgruppe etc. Da gerät zum Beispiel eine Kita in eine Krise, weil ein großer Teil der Eltern eine konkrete Schulvorbereitung für ihre Kinder verlangt, was das Team grundsätzlich ablehnt. Die Fronten sind verhärtet, keine Partei mag nachgeben.

Zur Krise kann es auch kommen, wenn ein Team nicht offen und konstruktiv miteinander umgeht, die Probleme „unter den Teppich gekehrt werden“. Und nicht selten entsteht eine Krise, wenn es um die Profilbildung einer Einrichtung (Werden wir eine partizipative Einrichtung, können und wollen da alle mitziehen?) oder die Konzeption (Wir schaffen die Gruppen ab, arbeiten nur noch in Projekten) geht.

Bitte überlegen Sie:

- Haben Sie an Ihrem Arbeitsplatz Krisen erlebt? Wenn ja, welche waren das?
- Wie ist das Team mit der Krise umgegangen, konnte eine für alle zufriedenstellende Lösung gefunden werden?
- Welche Krisen könnten sich in Ihrem Team anbahnen und werden bislang nur unter den Teppich gekehrt?
- Was oder wer könnte Sie und Ihr Team stärken, wenn es zu einer Krise kommt?
- Was können Sie vorbeugend gegen Krisen im Team tun?

Diskutieren Sie diese Fragen anschließend auch unbedingt gemeinsam Team.

Eine Krise ist eine Situation, in der wir unter massivem Handlungsdruck stehen, aber nur unzureichend oder gar nicht in der Lage zu sein scheinen, adäquat zu reagieren.

Die vier Phasen einer Krise

Phase 1	Phase 2	Phase 3	Phase 4
Verleugnung	Aufbrechende Gefühle	Neuorientierung	Neues Gleichgewicht

Phase 1: Zunächst einmal werden Sie das Krisenereignis wahrscheinlich nicht wahrhaben wollen. Sie wehren sich gegen die Veränderung, leugnen die Tatsachen, reden sie klein oder ignorieren sie einfach.

Phase 2: Sie hadern mit dem Schicksal, fühlen sich unsicher, sind wütend und hilflos.

Phase 3: Sie beginnen, sich mit der Situation besser vertraut zu machen, sie objektiver zu betrachten, eine sachliche Bestandsaufnahme durchzuführen, um dann Auswege und Lösungsmöglichkeiten zu suchen.

Phase 4: Sie akzeptieren die Situation, richten den Blick nach vorne und wissen, dass Sie vielleicht Althergebrachtes loslassen müssen.

Vielleicht sind Sie dabei einem ganz neuen Weg gefolgt, haben Ihre Komfortzone nach dem Motto „Weitermachen – aber anders!“ verlassen und der Krise eine positive Wendung gegeben.

Die Säulen der Krisenfestigkeit

Zu den entscheidenden Säulen bei der Bewältigung einer Krise gehören für Sie und Ihr Team die folgenden Punkte:

Akzeptanz: Nur wer eine Situation akzeptieren kann, statt in Selbstmitleid zu versinken, kann aktiv damit umgehen. Üben Sie bewusst, Dinge anzunehmen wie sie sind, statt mit ihnen zu hadern.

Verantwortung übernehmen: Sie sind kein Opfer. Sie können Ihr (Arbeits-) Leben aktiv gestalten und für sich selbst Verantwortung übernehmen. Statt sich Gedanken darüber zu machen, was wäre, wenn Kollegin X dieses oder jenes endlich anders machen würde, wechseln Sie die Perspektive und fragen sich: Wie ginge es mir, wenn ich damit anders umgehen und die Sache selbst in die Hand nehmen würde?

Ein positives Selbstbild entwickeln: Studien zeigen, dass Menschen, die an die eigene Stärke glauben, erfolgreicher sind und Krisen besser bewältigen. Statt zu sagen „Das schaffe ich nie!“, gehen Sie Schritt für Schritt an die Lösung der Probleme. Selbstzweifel kosten nur Kraft.

Machen Sie sich bewusst, dass Sie in Ihrem Leben schon vieles bewältigt haben. Schreiben Sie auf, welche Fähigkeiten Ihnen dabei geholfen haben, Probleme zu lösen.

Optimismus: Wer optimistisch denkt, weiß, dass jede Krise auch ein Ende hat. Denken Sie nicht daran, wie viel schlimmer es noch werden kann, sondern überlegen Sie, welche Krisen Sie bereits erfolgreich gemeistert haben. Diese Kräfte stecken noch in Ihnen und können aktiviert werden. Welche positiven Entwicklungen haben sich aus schwierigen Situationen ergeben?

Hilfe annehmen: Scheuen Sie sich nicht, Hilfe anzunehmen. Das können in der Kita zum Beispiel Supervisoren, externe Berater, Mediatoren etc. sein. Wenn Sie andere Menschen hinzuziehen, haben Sie die Chance, eine neue Perspektive zu entdecken.

Prinzip Hoffnung aktivieren: Richten Sie Ihre Gedanken zum Beispiel auf folgende Aussagen: Wenn sich eine Tür schließt, geht die nächste auf. Bisher haben wir immer eine Lösung für unsere Probleme gefunden. Das haben andere auch schon erleben müssen und die Situation bewältigt.

Tipps zur Krisenbewältigung

- Bleiben Sie sachlich.
- Richten Sie Ihren Fokus auf das, was gut klappt.
- Bleiben Sie Akteur und schlüpfen Sie nicht in die Opferrolle.
- Notieren Sie sich Fakten.
- Suchen Sie keine Schuldigen.
- Machen Sie sich bewusst, welche Stolpersteine Sie sich selbst in den Weg legen, und versuchen Sie, diese zu umschiffen.
- Suchen Sie nach unterschiedlichen Lösungsmöglichkeiten, damit Sie eine Auswahl treffen können.
- Hören Sie nicht auf ungebetene Ratschläge.
- Denken Sie erst über durchaus erbetene Ratschläge nach, bevor Sie sie befolgen.
- Entwickeln Sie positive Zukunftsszenarien.
- Entscheiden Sie sich für den Weg, der am besten zu Ihnen und Ihrem Team passt.

Ernst Bloch weist Ihnen mit diesem bemerkenswerten Satz den Weg zur Wohlfühl-Kita:

„Man muss ins Gelingen verliebt sein, nicht ins Scheitern.“

Literatur

Belbin, R.M. (2003): Management Teams. Why they succeed or fail. Oxford: Belbin.

Berger, M. (2017): Erfolgreiche Manager/innen haben Zeit für das Wesentliche. In: KiTa aktuell BY, 09/2017.

Braun, G., Wolters, D. (1997): Das große und das kleine Nein. Münster: Ökotopia.

Cleuvers, B. (2005): Zeit für das Wesentliche? Zeitmanagement für Kita-Leitungen, Band 2. Kronach: Carl Link.

Flitner, A. (2001): Pädagogische Zeit-Gedanken. In: Pädagogik, 3/2001.

Flothow, A. (2018): Ressourcen und Belastungen von ErzieherInnen. Hamburg: HAW.

Gekle-Schneeberger, H. (2015): Zeitmanagement – Wie teile ich mir meine Zeit ein. In: KiTa spezial, 4/2015.

Gesundheitsdirektion Gesundheitsamt des Kanton Zug:
www.kindergaerten-in-aktion.de/downloads/10_Schritte_fuer_psychische_Gesundheit.pdf

Initiative Gesundheit und Arbeit (2015): Iga Report. Wirksamkeit und Nutzen betrieblicher Prävention. Berlin: Initiative Gesundheit und Arbeit.

Küstenmacher, M., Küstenmacher, W.T. (2004): simplify your life – Endlich mehr Zeit haben. Frankfurt/M.: Campus.

Märchy, B. (2001): Zeit ist Leben - individuelles Zeitmanagement. SmartBooks Publishing AG.

Rosenberg, M.B.(2016): Gewaltfreie Kommunikation. Paderborn: Junfermann.

Schäfer, C.D. (2012): Konflikte und Konfliktbearbeitung. Zwischen Pädagogik und Mediation. Bloggingbooks.

Seiwert, L.J. (2001): Mehr Zeit für das Wesentliche. Besseres Zeit-Management mit der Seiwert-Methode. München: MVG.

Seiwert, L.J. (2004): Das DISG Persönlichkeitsprofil. Persönliche Stärke ist kein Zufall. Remchingen: persolog GmbH Verlag für Managementsysteme.

Seitz, R. (1998): Erziehen zwischen List und Frust. München: Don Bosco.

Sächsische Landesregierung für Gesundheitsförderung e.V. (2013): Mappe „Gesund bleiben in der Kita." mehr Infos:
http://www.slfg.de/arbeitsfelder/betriebliche-gesundheitsfoerderung/

Stamer-Brandt, P., Tofern, F. (2012): Berufsstart Kita. Freiburg: Herder.

Stamer-Brandt, P., Tofern, F. (2013): Leitungswissen Kita. Freiburg: Herder.

Viernickel, S., Voss, A. (2012): STEGE-Studie.
https://www.bildungsserver.de/onlineressource.html?onlineressourcen_id=50502

Viernickel, S., Voss, A., Mauz, E. (2013): Arbeitsplatz Kita. Belastungen erkennen, Gesundheit fördern. Mit Online-Materialien. München/Weinheim: Beltz Juventa.

Vollmar, K. (1992): Farben und ihre natürliche Heilkraft. München: Graefe und Unzer.

Blickwinkel
für pädagogische Fachkräfte
Uli Bott
Stressfrei und gelassen
Professionalität im Kita-Alltag
HERDER

Blickwinkel
für pädagogische Fachkräfte
Marcel Hinderer
Sieglinde Eberhart
Gut gestimmt!
Stimmtraining für Erzieherinnen
HERDER